Treasures for Scholars Worldwide

趙柏巖集

3

桂學文庫·廣西歷代文獻集成

潘琦 主編

广西师范大学出版社
GUANGXI NORMAL UNIVERSITY PRESS
·桂林·

趙柏巖集
湘潭趙啟霖署檢
國立廣西大學圖書館
THE LIBRARY OF NATIONAL KWANGSI UNIVERS
CHINA

諫院奏事錄目錄

諫院奏事錄卷四

監察御史全州趙炳麟竺垣稿

論都察院不可代國會疏聯合全臺同奏

奏爲下議院亟須特別設立斷不可以都察院更改致失立憲之精意恭摺仰祈

聖鑒事竊以立憲政體累萬語千言而不能罄惟其要在使民參政而已民人參預政治必須組織議院西儒美良房曰議院之於國民猶地圖之於土地有議院而國民之利病畢見猶有地圖而山川都邑悉陳也歷考君主各國憲法推英國最爲完善由其國先有議會其憲法皆自國民提議經君主承認故爲

各國所不及中國今日甫議立憲輸入國民政治之知識訂定國家完全之憲法實以組織議院爲要著近日恭奉明詔設立資政院以爲議院基礎他國臣民所競爭而不能得者我
皇太后
皇上毅然行之薄海聞風歡聲雷動惟一院制與兩院制各國政治家多研究之辨端陟兒豪諸儒主一院制自美國大統領亞登士倡兩院議乾德小彌爾諸儒繼之謂一院制論說專一無人挽救易流偏激儻有人植黨營私擢陷公法壓制人權莫可詰責爲患曷極不如兩院制得所調和可免專一之弊德儒

伯倫知理極論兩院制之善尤爲明辨以析各國宗之多行兩院制歐墨小國雖有行一院制者然彼之所謂一院制止立一下議院若立一上院而無下院古今萬國無此制也故國會之權偏重下院蓋下院者代表全國之輿情其組織之法無國不用民選特有單選複選之差別耳單選者謂國民自行投票直選代議士是也複選者謂國民先選選舉人而令其代選代議士是也中國組織下議院立法之始萬不可失民選之義宜用複選法先定選人資格令其選舉郡縣議士由郡縣議士選舉省諮議會員由諮議會員各舉代表組織國會行此三級選法使民間聲氣層層相通行之十年或十餘年尚可得立憲之眞

相而議者有以都察院代國會以保薦代投票之說　臣竊以爲差之毫釐失以千里矣請將議院察院之性質分晰言之國會議員由民間公舉科道人員由大臣保送國會議長以選票最多數之人由君主敕任都察院臺長皆循資按格照例遷擢國會議事定期召集察院言事隨時具摺性質不同作用絕異欲以都察院之實强附下議院之名不惟不得下議院之精神且必失都察院之作用夫都察院今日之不可驟撤者正以國會權力尙未鞏固耳各國國會特權有三一檢查歲用二彈劾政府三監督官吏中國幣制賦則皆未畫一預算決算不能驟辦財用出入誰能稽查此實國會權力不能鞏固之一原因政府

未負責任雖有違法失政無從究詰此實國會權力不能鞏固之二原因他國官吏皆經兩種試驗行政司法權限不混中國官吏品彙太雜司法獨立尙未實行官權過重民氣難伸此實國會權力不能鞏固之三原因有此三端謂今日國會卽可與政府對立必不能之勢也尙賴有都察院風聞彈事藉
君上之威靈拯民間之疾苦倘混而一之人將以國會合議爲詞禁止言官專摺奏事是國會權力尙未鞏固察院制度先經破壞而所謂議員者稍有心肝必被解散其不肖者或反資爲權貴之利用將見
君主孤立於上官吏橫行於下上下隔絕民不聊生舊日之君

主專制忽變而爲貴族專制西史謂之寡人政體必有以爭民
權更憲法爲名釀出英法大革命之事內亂紛滋外人干預蕩
析之憂即在眉睫臣等爲中國危臣等爲生民慟矣亟應請
旨飭令會議王大臣詳議組織國會之法酌定召集國會之期
掃除一切以察院代國會以保薦代投票之謬說務使下議院
特別設立不失民選之義一面整齊財政統一賦稅酌立責任
政府實行司法獨立各項官吏必經普通高等兩試驗嚴杜濫
冒以清仕途俟國會各種權力逐漸鞏固都察院應否歸併裁
撤屆時開國會議決之慎毋畫蛇以爲龍指鹿以爲馬小則遺
他國之笑談大則釀中原之實禍天下幸甚大局幸甚所有下

議院亟須特別設立緣由合詞恭摺具陳是否有當伏乞
皇太后
皇上聖鑒訓示謹
奏光緒三十三年八月二十九日奉
旨會議政務處議奏欽此按都御史陸寶忠副都御史伊克坦
陳名侃等請改都察院爲國議會以代下議院用大臣保薦爲
議員以代國民投票同人皆以爲大失立憲之精意會集雲山
別墅聯銜力諍屬麟起草自掌印給事中忠廉陳田以次四十
八人聯名赴
頤和園呈遞

請開講筵疏

奏爲敬陳治本仰贊

高深事竊臣以迂陋小儒備位言路到臺以來屢貢芻議或失

之激烈或失之瑣屑私心自懼以爲

譴責必加我

皇太后

皇上不惟不加譴責並擇其不悖事理者見諸施行

君之納諫若此臣下尚不盡言豈可以爲人臣乎哉臣所欲言

而未嘗盡言者何在乎勤

帝學以明治理而已臣聞君也者人羣所觀法者也故教有本

治有宗立國有綱知人有道運天下於一心以行其典禮知治平之自身始躬仁義以爲天下先夫堯舜大聖也其交相戒者惟在閔四海困窮而已辨人心道心而已閔四海困窮者仁也辨人心道心者義也仁者人也保民爲大義者宜也知人爲務仁義之理必學而後明古之育君才也太子迺生固舉以禮使士負之有司齊肅端冕見之南郊見於天也過闕則下過廟則趨孝子之道也蓋襁褓時已示之學矣稍長選擇端士逐去邪人立師氏保氏諸官教之德行道藝自襁褓以至成人無一日不與於學學愈勤理愈明以一心應萬事萬物如日中天無微不照公者知其公而賞明天下有所勸而趨於公私者知其私

而罰嚴天下有所畏而不敢私隆古之時所以治成於上俗善於下者帝學明也後世人君少居深宮而親宦寺長履天位而離典籍治亂之理未明於心正邪之來難辨其類用人行政百弊叢生漢唐宋明末世兆亂之原皆由帝學之不明也我
聖祖
高宗深鑒此中消息關繫匪輕念終始典於學故
兩朝政治媲盛唐虞雖軍務悤忙而講筵不輟羣臣講章日進
仰蒙
睿覽不遺
聖祖諭云帝王之學以明理爲先格物致知必資講論至哉

聖謨其圖治之本歟臣又旁考西國政治家柏那圖之論政才以四德爲原質曰智曰勇曰節曰政義斯賓塞之論政才以知識爲主力知識云者謂考世界政治人物之進化而明治身治國之理由也故論治國之事日新無窮論治國之理中外一致帝王之學務乎其大操乎其要使治理克明用人行政無差則國治矣方今我

皇上春秋鼎盛欣值我

皇太后聖躬強健萬政有所稟承正可趁此典學講求大經大法爲臨萬民操縱羣臣四夷之具可否仿康熙乾隆間日講之例重開講筵凡進講之時我

皇太后坐而督之一廷雍雍講求治理至足樂也其進講之法
擬稍變通分中學西學進講以剛日講中學講經史及
本朝掌故以柔日講西學講東西各國政法歷史理財練兵等
學中學講官可用曾國藩條議於京外官中選擇西學講官擬
弗拘品級弗論資格
詔部院督撫出使各國大臣選精通西學志慮忠純者出具切
實考語註明曾在外國何等學堂畢業肄習何學詳悉奏保聽
候
召見錄用予以講官銜分日進講或謂講官非其人恐有流弊
然我

兩宮察之於上羣臣窺之於下儻有學術不正非聖無法者治以重刑可也罪及薦主可也若慮講官難得遂廢講筵不開以致

聖學無由發明所謂因噎廢食者也或謂

皇上萬幾待理不能過勞然莊敬則日強理得則心泰正可以涵養

聖衷自強不息何勞之有總之國本強弱安危全視人君之學識是斷此中機括甚微關繫極大我

皇太后乘此康疆逢吉之時能擴充我

皇上聖學使能如

聖祖
高宗之遇事英明當幾立斷他日化弱爲强轉危爲安後世史
筆大書特書曰某年某月
皇太后特開講筵以成
帝學是則我
皇太后億萬年之榮譽卽中國臣民數百兆之幸福也 臣至愚
極庸學無所就獨此螻蟻忠愛之心不能自已妄論至此誠惶
誠恐惟
聖明不以爲迂闊而省察之不勝大願伏乞
皇太后

皇上聖鑒謹
奏光緒三十三年十月初三日奉
旨留中欽此十月初七日軍機大臣面奉
諭旨朕奉
慈禧端佑康頤昭豫莊誠壽恭欽獻崇熙皇太后懿旨著派孫
家鼐榮慶陸潤庠張英麟唐景崇寶熙朱益藩輪班進講經史
及國朝掌故以裨典學而資治理欽此其後分三班孫榮陸爲
一班講書經四書張朱爲二班講
聖祖庭訓格言及
御批歷代通鑑輯覽唐寶爲三班講

國朝掌故及各國政略於辦事後進講
兩宮同聽

論司法人員宜爲終身官片

再司法人員各國皆定爲終身官所以尊榮其身令其久於職事無所顧慮無所偏袒不難伸公理而雪民怨此固萬國之通例也我

國法部大理院及各項裁判所皆爲司法機關聞各司員冀多設額缺以爲京察截取外轉道府地步此不惟大違各國司法官之通例且恐品學卑下之人藉裁判官以謀登進甚非

朝廷尊重國法勤求民隱之至意擬請

旨飭令政務處查照各國司法官通例議定法部大理院及各項裁判所人員皆爲終身官不得改任行政立法各官以便久

於職事儻有精法律而善審判者各省設立裁判所應由該衙
門開送職名請
旨簡放既可收熟嫻法律之效又可杜鑽營奔競之風且使司
法人員終身按次陞轉無顧慮偏袒之流弊一舉而數善備者
也是否有當伏乞
聖鑒謹
奏光緒三十三年十月初三日奉
旨會議政務處憲政編查館議奏欽此

請寬開會結社禁令片

再開會結社未可一概禁止臣考我
朝名臣遠如湯斌近如曾國藩亦皆立會講學蔚爲良輔日本大隈重信持其所學教授生徒聚八千餘人在早稻田研究政治日本國家大受其益宋明末造嚴禁講學卒以鉤黨亡其國方今時局艱難正賴京外士民同德同心講求政學若不分別辦理一概禁止實非治平之道矣應請
旨飭下憲政編查館會同學部法部農工商部民政部妥議章程凡研究政治法律農商教育等會必報部立案一經核定
國家力任保護其防礙治安不守法律所規定者即行查禁似

此分別辦理庶合
朝廷豫備立憲之至意臣以茲事于憲政極有關係謹附片具
陳是否有當伏乞
聖鑒飭議施行謹
奏光緒三十三年十一月二十七日奉
旨憲政編查館知道欽此先是有
旨二道恭錄於後
光緒三十三年十一月二十日內閣奉
上諭朕欽奉
慈禧端佑康熙昭豫莊誠壽恭欽獻崇熙皇太后懿旨上年曾

經降旨預備立憲原以茲事體大條文繁密非可率爾舉行必須上有完備之法度下知應盡之義務方可宣布憲法定期施行此時尚係預備之際歷次諭旨甚明尤當視國民程度之高下以爲實行之遲速我君臣上下各宜切實研究依次經營以期憲政成立共享樂利惟各國君主立憲政體率皆大權統於朝廷庶政公諸輿論而施行庶政裁決輿論仍自朝廷主之民間集會結社暨一切言論著作莫不有法律爲之範圍各國從無以破壞綱紀干犯名義爲立憲者況中國從來敦崇禮讓名分嚴謹采列邦之法規仍須存本國之禮教朝廷預備立憲期望甚殷乃近歲各省紳商士庶其循分達理者固不乏人其間

亦頗有浮躁蒙昧不曉事體者遇有內外政事輒藉口立憲相率干預一唱百和肆意簧鼓以訛傳訛浸尋日久深恐謬說蠭起淆亂黑白下陵上替綱紀蕩然憲政初基因之阻礙治安大局轉滋擾攘立憲更將無期自強之機更復何望蓋民情固不可不達而民氣斷不可使囂立憲國之臣民皆須專崇秩序保守平和其開設議院專爲採取輿論而選舉議員之人與被舉議員之人均有定格召集議會及解散議會均有定式所議事件亦均立有明條例章精密權限分明固非人人皆得言事亦非事事皆可參預現在京師資政院外省諮議局業經飭設原爲立議院基礎嗣後各省利病均應由該省諮議局詳細討論

如確有見地可呈請本省大吏咨送資政院采擇核辦不得淩躐無序紊亂政體尤不得胥動浮言妨害治安除報律已飭法部民政部妥速議訂外著憲政編查館會同民政部並將關於政事結社條規斟酌中外妥擬限制迅速奏請頒行倘有好事之徒糾集煽惑搆釁鉅患國法具在斷難姑容必宜從嚴禁辦並著京外各衙門督飭所屬懍遵此次諭旨實力奉行儻敢瞻徇故縱養成禍患該管衙門不得辭其責欽此

光緒三十三年十一月二十二日交民政部　步軍統領衙門

順天府　軍機大臣面奉

諭旨京師輦轂之下近聞有聚衆開會演說等事殊屬不成事

體流弊甚多著民政部步軍統領衙門順天府一體嚴行查禁
欽此按是時爲蘇杭甬鐵路籌借英債江浙士民恐失利權共
起反對舉代表張菊生元濟許九香鼎霖等來京與外務郵傳部
交涉各省士民餞於湖廣會館大開演說大學生至者亦衆
朝廷恐礙外交禁之并嚴定集會結社律麟恐拂民情挫民氣
故婉論之

請統壹財權疏

奏爲請統壹財權整理國政恭摺仰祈
聖鑒事臣聞孔孟之論治道曰能治其國家誰敢侮之曰國家閒暇及是時明其政刑雖大國必畏之是知閒暇之時正存亡攸分之界綫也蓋是時能明政刑則大國畏而不敢侮否則內治不修而人之取之侮之宜矣我國大小臣工日日言治道固非般樂怠敖者可比然言固國防而海陸軍之經費無出言飭吏治而京外官之薪俸不勻言振實業廣教育而不能籌出大宗的款補助以期其成百政有空言而無實效者皆財政散漫之所致也臣於光緒三十二年十一月十八日奏請製定預算

決算以整財政而端治本奉
旨交度支部議部臣請從報銷入手至今二年而財政猶昔長
此因循時乎可惜也臣細思整理財政之法若非設立財務行
政各機關而令度支部握統壹大權無論京外出入之數上下
莫能周知卽知之而其數亦必不可信臣考唐宋制度在皇綱
整飭之時財政機關未有不用國稅獨立之法其官曰度支使
曰租庸使曰兩稅使皆直接中央政府分遣員以收郡縣租稅
唐天寶以後藩鎭屯重兵租稅所入皆以自贍名曰留使留州
至五季而强帥把持財權更非朝廷所敢問宋太祖納趙普議
置諸路轉運使以何幼冲充東面劉仁遂充西面曹翰充南面

胡玩充北面納貢賦之入而總之於三司使外自節度防禦以至刺史皆不預簽書金穀之籍財權爲之一整久而逐漸散漫元祐初司馬光言天下錢穀之數戶部不知出納無以量入爲出乞令尚書兼領左右曹錢穀財用事有散在五曹寺監者并歸戶部使尚書周知其數則利權歸一若選用得人天下之財庶幾可理惜乎議終未行而宋政不綱矣日本明治十一年以前收稅事務分寄於府縣行政官廳財政散漫幾不能支後改由大藏省分設地方收稅機關始能整理財政而預算決算得以製定泰西各國亦多用國稅獨立之法我

朝財政之散實由於財權之紛各部經費各部自籌各省經費

各省自籌度支部臣罔知其數至於州縣進款出款本省督撫亦難詳稽無異數千小國各自爲計蒙蔽侵耗大抵皆是欲其庶政畢舉能乎否乎擬請

旨飭令會議政務處詳議一切租稅分作兩項一國稅以備中央行政之用二地方稅以備地方行政之用改布政使爲度支使每省一員統司全省財政出入徵收國稅及地方稅直接度支部仍受督撫節制速照奕劻等所編外官制限一年內將各州縣主計官一律設立歸度支使管轄分收各州縣租稅各省地方進款若干用款若干責成度支使每年詳細報部其國稅聽部指撥地方稅即留爲各該省之用租稅界限分明疆臣無

拮据之慮出納造報確實部臣有統核之權如是則各省財政可壹至於各部院經費應統由度支部收發不得各自爲計每年責令各衙門分造概算書及預定經費要求書送度支部辦理如是則各部院財政可壹然後通盤算定先事預籌海陸軍經費應如何指定京外官薪俸應如何平均振實業廣教育應如何補助以收其效財政既理萬事振興未雨綢繆莫此爲亟不然財政散漫凡事有空言而無實效處此閒暇之時臣深惜之臣深懼之所有微臣請壹財權而理國政緣由恭摺具陳可否

飭令內閣政務處會議施行不勝悚惶待

命之至伏乞
皇太后
皇上聖鑒謹
奏光緒三十四年五月十七日奉
旨會議政務處議奏欽此

請停止丁憂人員查驗疏

奏爲查驗保薦人才請
旨停止丁憂人員報到以扶人倫而明禮教事竊聞三年之喪
貴賤皆同昔先哲王以仁孝養天下也平時養其仁孝之心臨
事乃有忠義之士所謂求忠臣於孝子之門是也古人雖有奪
情之舉然必國中有大兵革非斯人莫任君臣乃偶用其權在
仁人孝子之心未有不引爲大憾者邇年以來丁憂人員當差
署缺已爲世道之變近聞保薦人才丁憂人員竟有赴部報到
聽候查驗
召見者實與

聖明求才之意大相逕庭矣彼而不忘父母心懷憂戚則形神
毁瘠學業荒疏查驗詢問不盡所長是謂誤才彼而心無憂戚
言動如恆是其心且忘父母冀其效忠
君國勢必不能是謂誤用況
召見之時吉服則違禮制墨絰未可見
君不知何以處之宋臣歐陽修疏云治天下者在知用人之先
後軍旅之士先材能朝廷之士先名節又云名節之士不務苟
得不牽苟隨惟義所處立於朝廷進退舉止皆可爲天下法故
人君當重名節以養成善士數語者不惟得用人之本抑且探
養才之源今日世道人心日趨澆薄患得患失無父無君禮義

廉恥不絕如縷挽回風俗全賴
朝廷倘徒懸利祿不惜名節恐所得不過孟子所謂富貴利達
之士而已應請
旨飭下吏部所有內外保薦人才如在服中一律停止報到已
查驗者停止
召見俟服闋之後再行補報在此日明倫飭紀能扶禮教之衰
庶他年移孝作忠或有眞才之出臣不避迂戇拜表以
聞　伏乞
皇太后
皇上聖鑒訓示謹

奏光緒三十四年六月十四日奉
旨著查驗大臣會同吏部查明丁憂人員暫行停止查驗俟服
闋後再行補報欽此

諫院奏事錄卷五

監察御史全州趙炳麟竺垣稿

請培植皇室人才疏並附片

奏爲
皇室人才宜加培植以固根本而延景運恭摺仰祈
聖鑒事竊聞大學一書爲君天下者之律令格例而其論治平也必先以修身齊家者何哉蓋以人主爲天下元首家庭之事利害每及於全國是故皇室安則國受其福所謂一人有慶兆民賴之是也皇室危則國受其禍所謂本亂末必不治是也朱子云一家有一家之綱紀一國有一國之綱紀一國綱紀何在

在乎君而已君也者握政治之最高權者也西國法學家謂之總攬機關此機關靈敏則大臣之舉廢議院之集散皆得其宜令出惟行政無不舉書曰皇建有極是也否則國無統治權或大臣專擅而失之於貴族政體或民人倂張而失之於暴民政體皆足以致大亂古先哲王知此中消息關繫匪輕所以儲養之者法極詳備擇師傅以教胄設諫官以繩愆總期事理克明庶可施行無誤臣 於光緒三十三年十月初三日
奏請勤求
帝學又於光緒三十四年二月二十七日彙呈朱子論治本各
疏猥以狂言謬邀

聖擇益欽我
皇上聰明天亶好學性成兼有我
皇太后懿訓昭垂卓越萬古必能自彊不息
聖德日明以奠
祖
宗不拔之基以慰臣民無疆之望惟
皇室人才尙須加意培植擬請
特頒明詔重開上書房擇學正品端歇歷中外夙負海內資望
深知天下情勢之大臣爲總師傅凡我
宣宗成皇帝之後在成年以上者無論有無差使皆令受學

諭飭中外大臣保薦通中國政法者十人通外國政法者十人
不論官階不拘品級務選立品端正秉性忠純者派以上書房
行走差使按日分班輪授講義研求治理洞達民情務使
皇室人才蔚然興起大則繼志述事小亦能儲周召之才用以
綱紀四方整理庶政天下不難平也臣以兹事重大關繫根本
之安危謹敷陳管見以冀
聖明裁擇不勝悚惶翹企之至伏乞
皇太后
皇上聖鑒訓示謹
奏光緒三十四年十月十四日奉

旨留中欽此是月也孝欽顯皇后萬壽麟奉派內廷監禮見
德宗病危出而商諸侍郎俞廉三轉商於大學士張之洞意在
擇　宣宗後裔之年長者以爲儲君之洞韙之遂上是疏
再聖王之治天下也必立師保傅之官重以燮理之任師者導
之教訓保者保其身體傅者傅之德義得其人而任之身可進
於强心可進於明不特此也又可以傳世垂統故湯有伊尹太
甲肇興而德不衰武有周公成王繼起而功彌光蓋國有重臣
則上下有所倚賴士民有所信仰雖遇重大之事國本無所動
搖臣觀今日國勢危險極矣外人則協約已立思借端而攘主
權內地則亂黨潛伏謀乘間而發大難惟有誼辟當陽主持於

上整綱飭紀信賞必罰天日一明陰霾立散或可弭外侮而銷內亂否則竊恐政出多門陸沈在卽眞不知採稆之所矣今日吾國政策必以開明

君學振起

皇權爲安

宗

社保子孫一定而不可易之理章章明矣禮曰師也者所以學爲君也是故擇師不可不愼也三王四代惟其師臣 於此中消息言之再四惟

聖君賢相熟思而審計之天下幸甚伏乞

聖鑒謹
奏光緒三十四年十月十四日奉
旨留中欽此

勸
監國攝政王不可過於謙讓疏
奏爲請統壹政權鞏固
國命恭摺仰祈
聖鑒事竊聞朱子云網無綱而不張絲無紀而不理一家有一家之綱紀一國有一國之綱紀綱紀不振無論齊家治國未有不紛亂而瀕於危亡者也近日
國家多故連遭大事幸賴
大行太皇太后及
大行皇帝之仁明以神器付諸

嗣皇帝而以政權悉
命監國攝政王裁決則天下臣民皆以整綱飭紀振起
皇權望諸
監國攝政王之身矣考攝政之制在中國最古昔唐堯倦勤以舜攝位孟子稱堯老舜攝是也其時命百官覲羣后舉羣祀誅四凶禮樂征伐無一不以舜當之舜以溫恭允塞稱而未聞退讓者蓋恐稍存旁貸之志則天下擾亂無以副堯之付託也史記載周武王崩成王少周公恐諸侯叛周乃攝行政當國成王長乃反政荀子亦稱周公攝天子之位禮明堂位亦稱武王崩成王幼弱周公踐天子之位以治天下六年朝諸侯於明堂制

禮作樂頒度量而天下大服七年致政於成王考成王嗣立年
已十三歲周公稱制禮之聖必待成王二十歲而始致政者亦
恐稍存推諉則國家蕩析負先王矣至我
朝睿忠親王當
世祖幼冲時攝行大政統壹寰宇勛勞卓著載在方策允堪紹
法近年日本國憲法及皇室典範論攝政制度尤詳蓋以國家
不可一日無統治權攝政者代天皇執行統治之權者也此權
稍弛國未有不亂昔波蘭王亞古士督崩太子薩克斯尼嗣立
號亞古士督第二年冲弱王族倚仗外援覬覦王位俄奥布始
得密立協約干涉王位繼承於西歷一千七百三十四年二月

命大將軍磨尼克督師五萬至但得西格藉保護爲名戰敗外
兵徧駐要地而釀瓜分之禍使波蘭當時有人握定統治之大
權則根本鞏固人心謐安三國雖狡何從下手孟子云國必自
亂而後人伐之良可畏也臣 於本年十月初十日以
大行太皇太后萬壽監禮於
景福門內見
大行皇帝出召軍機兩內監扶之病體沈重深慮
國本未定致兆亂機涕泣上疏請儲育君才詳論統治權之不
可廢弛如不得已必賴重臣 故附片引伊尹周公以爲言今幸
大行太皇太后及

大行皇帝以統治大權付諸
監國攝政王之手則王之地位較周公尤重不以拘守小節爲
忠而以安民人定
社稷爲忠不以謙讓未遑爲孝而以奠
宗廟保子孫爲孝乂安皇室輯睦宮闈進用正人解除黨派賞
罰所在必以國事之是非舉廢所關毋以個人之愛惡民力已
殘如何撫卹仕途久雜如何清釐士習之多囂如何力臻純厚
貪風之日熾如何崇尚節廉運天下於一心事當幾而立斷見
理務求確當大權不可旁移振起
皇綱整理國政俟

皇上年長學成然後還政
朝廷退居藩邸則邦基克奠臣節亦全周公不得專美於前波
蘭不致再見於後天下幸甚伏乞
皇上聖鑒謹
奏光緒三十四年十一月十一日奉
旨留中欽此是日尚有一疏言攝政禮節計三條一章奏宜直
達攝政王所居便殿自行開拆一攝政王宜居禁城之內一攝
政王宜仿周公負斧之義於
御案旁設座軍機復三公坐論之禮旁設矮座會同掌印給事
中忠廉陳田京畿道御史崇興惠銘徐定超等同上奏

旨內閣各部院併案會議具奏欽此
三請清政源疏
奏爲三請規復署名舊制恭摺仰祈
聖鑒事竊臣於光緒三十三年六月十八日上疏請清政源規復軍機署名之制又於是月二十三日復請之皆未見施行伏讀乾隆三十年閏二月
上諭向來軍機大臣寄信諭旨該督撫等覆奏時止稱接准廷寄並不書寫承旨銜名於體制殊未允協嗣後各省督撫等接准軍機大臣等遵旨寄信傳諭有應具摺覆奏者俱著將寄信內所開承旨人名一一開寫不得但稱廷寄及軍機處字樣可

於奏事之便傳諭各督撫一體通傳應行奏事之各該衙門遵照欽此三十六年二月
駕巡山東大學士尹繼善劉統勳協辦大學士尚書劉綸俱未隨
扈經軍機處奏請面奉
諭旨清字寄信著尚書福隆安署名漢字寄信著尚書于敏中署名欽此推聖人立法之心深鑒唐代之墨敕斜封明室之口傳中旨皆流弊無窮故令承旨者署具銜名責有攸歸政本自能清肅東西國副署之制亦同此意近日欽奉
大行太皇太后遺詔命攝政王監國是攝政王代行

君主統治之權應署銜不署名凡宮內事件應用
皇太后懿旨者必有攝政王面奉
皇太后懿旨字樣凡行政事件或簡授官缺應用
諭旨者必有攝政王傳
諭旨字樣凡批答臣工章奏應用交旨者必有攝政王傳
旨某衙門議奏或知道字樣在攝政時無攝政王署銜者無論
如何皆無效力如是則政權統壹京外臣民皆曉然於是旨也
確係遵
大行太皇太后遺詔經攝政王之裁決者非大臣所專擅亦非
內監之口傳天下之信用克堅海內之覬覦自息至軍機大臣

寄信交片亦應遵照乾隆時
祖制於
諭旨之後一一開具承旨銜名部院督撫有應具摺覆奏者應
開寫某年月日接到軍機大臣某某等字寄奉攝政王傳
旨等字樣如此則與
祖制悉合而一切流弊皆可杜絕擬請
明頒諭旨布告天下以清政源而昭信守不勝悚惶待
命之至伏乞
皇上聖鑒謹
奏光緒三十四年十一月十一日奉

旨內閣各部院併案會議具奏欽此尋議准凡有諭旨必經
監國攝政王鈐章並由軍機大臣承旨署名見閣部院會奏攝
政王禮節疏單內

劾袁世凱疏

奏爲密陳用人大計以奠
國本而杜後患恭摺仰祈
聖鑒事竊臣自去年聞
德宗景皇帝之病痛心泣血至今年餘現幸
皇上以
德宗之胞姪入承大統
監國攝政王以
德宗之胞弟重握政權臣心稍爲安慰然猶鰓鰓過慮者則以
袁世凱尚在軍機而

國本未定後患無窮也夫袁世凱之植黨營私臺臣多指實彈
奏無待臣言臣請言其必不可留軍機者二謹爲
皇上瀝陳之袁世凱之爲人也機械變詐善搆骨肉其在朝鮮
簸弄李應昰父子患生肘腋我
德宗景皇帝以三十餘年之長君尙束手受箝終身鬱結而世
凱得以樹植私黨挾制
朝廷方今
主少國疑似此包藏禍心罔知大義者久在樞垣他日必生意
外之變臣敢斷言也此必不可留者一也昔人云破山中賊易
破朝中朋黨難自古已然於今尤甚善爲治者整綱飭紀防患

未然今日袁世凱黨羽雖多幸皆富貴利達之人世凱一出軍機必多解散若待其黨根蒂固結謀定後動他日
監國攝政王雖欲去之亦無可如何至是時惟有敢怒不敢言俯首聽其所爲而已言念及此可爲寒心此必不可留者二也夫易警履霜詩戒鳴鴂自古梟雄之禍其初一臺諫制之有餘迨其積重難返殺人流血無救於亡史册昭垂可爲殷鑒臣 思
皇上爲
德宗之繼子
監國攝政王爲
德宗之胞弟以

德宗之遺志爲心以
德宗之前轍爲鑒當知袁世凱之必不可用而
設法罷斥使
國本能安後患冰釋
社稷之福也臣位卑言高罔顧罪戾惟
朝廷鑒其愚忱速奮
神斷以淸政本天下幸甚伏乞
皇上聖鑒謹
奏光緒三十四年十二月十一日奉
旨袁世凱著開缺回籍欽此

密陳管見疏

奏為

國勢孤危密陳管見恭摺仰祈

聖鑒事竊自袁世凱開缺回籍之

上諭發表以後凡欲効忠於

本朝者無不欽

監國攝政王之英明為

聖清國本去一蟊賊此實千載一時也然袁氏黨羽布散謠言

傾陷

監國攝政王臣深畏之散謠之詞謂

監國攝政王實行排漢也反對立憲也不徒布諸本國抑且告
諸鄰邦其意蓋欲鼓動內國之人心使之蠢蠢思亂然後求外
人干預挾制
朝廷不能不用袁世凱此高麗大臣倚外要君之故技也是以
北京日報著賀袁一篇登諸報端中央大同日報揷畫譏誚
監國攝政王一交權在手便把令來行順天時報竟連篇累牘
謂內閣如早組織其予奪之權必有非
新主之所能操者查報館皆受袁世凱厚金觀其黨之言論可
知其用心矣袁世凱十年以來藉
朝廷之位布置私人竊

朝廷之財施給己黨凡由袁世凱引進賴袁世凱豢養者祇知
有袁氏不知有
朝廷久矣
監國攝政王孤立於上若不布置周密恐事機偶失將受其黨
箝制而蹈
德宗景皇帝之前轍吁可畏也 臣不揣檮昧謹籌管見六條臚
列於下恭候
採擇
一心志必須堅定 袁世凱黨羽極多而譎詐多計是其慣技
或爲宮內之流言或爲境外之恫喝讒閒所入往往兄弟變爲

仇敵骨肉化爲水火而彼乃可以乘機自利每經一次翻覆其
不利者
大淸之君民其專利者彼黨之富貴也此等手段
監國攝政王在藩邸時必知之早矣今袁世凱爲
監國攝政王所去當思一退不可復進以後遇有流言宜熟思
審處毋爲袁黨所誤立志旣堅持之四五年
皇綱必可整飭朝政必見澄淸矣
一事機必須愼密　自來英君辦事未發之先春風和氣人無
可測一發之後霆擊飆忽人無能避故能制人而不制於人漢
獻帝謀除曹操反爲曹操所錮唐昭宗謀去朱溫反爲朱溫所

害皆坐不密之故遺患無窮
監國攝政王沈毅仁明人所共仰凡臣工有論此等事機者應
請
宸衷默識將原摺封鎖堅固毋使消息漏洩以致震動生變揆
諸理勢有可行者從容鎮定次第舉行使天下無所測其淺深
此神妙之用也
一正人必須任用　南宋徐霖劾史嵩之奸深之狀謂先奪士
大夫之心次奪英雄之心其奪心之術擇附己者加之富貴稍
有異已則潛棄遠擯以風其餘久則朝臣皆變爲已黨英雄亦
樂爲用君主束手莫可伊何袁世凱手段亦係如是凡曲意附

和者必設法以拔置顯要所謂加之富貴是也岑春煊面斥袁世凱則蜚語陷之瞿鴻禨不附袁世凱則購人劾之所謂潛棄遠擯是也數年以來假
朝廷威福以奪人心者屢矣故以
大淸爲一家之基不足顧也以
德宗爲一人之事不足計也一若立憲政策非袁世凱莫定統治大權非袁世凱莫屬者幸而仰賴
睿鑒淸明及早能斥若待羽翼豐滿
朝廷欲去之得乎他年舉爲大總統暗移
乾祚皆在意中今袁世凱雖去而

朝中正人太少 臣恐尙有後患以後
朝廷任用大臣務請
選擇忠良出以
宸衷獨斷使正人進而私黨退否去泰來禍機自息不然正人
在下私人在上
國勢孤弱難猶未已伏乞
聖明時時加意天下幸甚
一黨羽必須解散 彼黨所恃以無恐敢於怨懟
朝廷者以慶親王奕劻誼係懿親而尙居樞輔之任直隸總督
楊士驤地在密邇而兼操兵財之權是以袁世凱雖罷其黨內

有慶親王爲之應外有楊士驤濟其財仍然固結如舊萬一
朝政偶有疏虞則遇事挾持
監國攝政王必束手受制今欲自立於不敗之地則直隸總督
必不可不調應請
英斷在心不動聲色先將楊士驤設法調開另選夙有聲望不
避嫌怨而居心忠義可恃者授爲直督則北洋之財不致爲袁
氏私人耗盡而黨羽可解散至於慶親王
朝廷如何處置
聖心自有權衡非臣下所敢擬議矣
一用人不可分滿漢　彼黨所以簧鼓中外者曰

朝廷持排漢政策耳袁世凱自命爲漢造福而不知剝萬民脂
膏徼一人情面於上負
君於下負民然浮薄少年受其惑者正復不少風聲所布愈言
融化滿漢而意見愈深惟
朝廷行政用人廓然大公罔分畛域久之謠言自息人心謐安
彼黨自無詞可措書曰無偏無黨王道蕩蕩此人君之極則也
一總理大臣必不可驟設　袁世凱所日日經營而未遂者一
內閣總理耳故此次順天時報爲世凱立論顯言內閣如立大
臣必非君主所能去尤爲情見乎詞光緒三十二年八月二十
一二十五兩日臣連疏論總理流弊頗發袁世凱用意所在伏

乞
飭檢兩疏
時賜省覽一意主持必待上下議院成立之時方爲責任內閣組織之日斯勢無偏重而流弊潛銷矣總之
朝廷有轉移風氣之權宜慮遠謀深無隙可擊明者防患於未然知者避危於無形鉤黨之禍固不可開思患預防尤不可少
臣謹披瀝肝胆具摺密陳是否有當伏乞
皇上聖鑒謹
奏光緒三十四年十二月二十四日奉
旨留中欽此是日

召見養心殿逾一點鐘之久監國問及防患之策麟請宣布德宗手詔大赦黨人擇其良者任以國事起岑春煊典禁衛軍兼軍諮府用張謇湯壽潛康有爲梁啟超鄭孝胥趙啟霖安維峻爲攝政府顧問兼授

皇帝讀罷奕劻專任張之洞長軍機可息羣謠固衆志監國首肯商諸張之洞之洞大反對遂寢其議是晚之洞遣幕友覃兆鵾（號展甫柳州人）來責余曰爾今日 召見所保之人中堂極不謂然特告我致詞人生難得清名毋爲人誤余自此不得 召見矣

條陳西南馬政疏
奏爲條陳西南馬政恭摺仰祈
聖鑒事臣於光緒三十三年三月初二日奏請精造軍械講求
馬政奉
旨陸軍部知道欽此近見
明諭整頓兩翼牧羣北方馬政可望重興臣聞法駐兵越南在
河内高平諒山北甯等處設立馬廠自歐洲輸來種馬騍馬配
以越馬以圖蕃息而資利用我西南馬政全未講求以陸軍部
三十六鎭核算每鎭需馬千三百餘匹就廣東兩鎭廣西貴州
湖南各一鎭計之需馬六七千匹貴州雖云産馬而地窄不能

多出且黔馬軀幹小弱以負新式七生半之過山礮斷難勝任西南無產馬之區故馬匹多購諸外洋及北省而水土異宜不能耐久平日固多耗費戰時尤誤戎機是今日就西南闢大牧場講求馬政實爲要圖矣臣籍隸廣西深知該省自馬平以西至慶遠所屬荒土阡阡水草豐美可興牧政近年雖經開辦墾務而該省民窮財困墾出者究屬寥寥擬請

飭令該省巡撫派員勘查荒地有可闢爲牧場之處務將界址開清繪圖貼說奏明辦理倘可興馬政卽應請

旨飭令陸軍部覆勘由

國家籌款尅期興辦預備西南各省陸軍之用於戎政大有裨

益是否可行伏乞
皇上聖鑒謹
奏光緒三十四年十二月二十四日奉
旨陸軍部議奏欽此

請豫定宮中教育章程疏

奏爲請
旨飭定宮中教育章程以成
君學而固國本恭摺仰祈
聖鑒事臣聞周成王幼在襁褓之中召公爲太保周公爲太傅太公爲太師保保其身體傅傅之德藝師導之教訓三公得人所以主德無失垂統緜長古先哲王當孩提有識師傅導以孝仁禮義逐去邪人愼選端士及孝悌博聞有道德者以衞翼之使見正事聞正言行正道左右前後皆正人是故習與正人居而不能毋正孔子曰少成若天性習慣如自然此之謂也斯賓

塞爾英國大教育家也論體育德育智育謂宜順兒童生理擴充其性量古者八歲入小學明儒陸道威謂古者人心質樸風俗醇厚孩提七八歲知識未開今則人心風俗不如古至五六歲已多知誘物化施教當自五六歲始我
聖祖嘗云朕自五齡即知讀書八齡踐阼輒以學庸訓詁詢之左右求得大義而後愉快日所讀書必使字字成誦後來不肯自欺是
聖祖五歲即讀書八歲四書已畢宣統二年
皇上正居
聖祖讀書之年應請

旨飭令學部詳定宮中教育章程明年即開
宏德殿
派定師傅伴讀等官第一年擇善於油畫者將中外古今帝王
文治武功嘉言懿行逐條畫出懸諸殿壁每日伴讀等官講數
條以廣
聖聽并選識字課本圖說按日授字以後每年應讀何書應講
何籍參用
聖祖時宮中讀書課程調查日本宮內省教育法詳定課本分
年程功至十八歲爲止抑臣尤有請者事業出於精神欲立偉
大之功先造強健之質

聖祖親征噶爾丹道經瀚海水土惡劣隨扈臣工皆苦之
聖祖處之若素又能挽弓十五鈞用矢十三握左右騎射發必
中的
聖躬彊壯實有不可及者
皇上春秋方富應如何講求體育以復
國初尚武之家法並請
飭部詳議仰候
欽定施行臣以此事關係
國本恭摺具陳是否有當伏乞
聖鑒訓示謹

奏宣統元年三月十八日奉
旨留中欽此

請　攝政王求賢講學疏附清單

奏為請

監國攝政王求賢講學以明治理而端政本恭摺仰祈

聖鑒事臣於去年十二月二十四日蒙

召見養心殿面陳講學之事請

監國攝政王百日後舉行

監國攝政王面允候議今則百日將滿矣此事關係重大亟宜

提議辦法臣觀孔子論治平之道孟子述定國之原皆歸本於

正心良以人主之一心萬政萬事之根本也心正則政事無有

不正心不正雖有良法美意亦不能以自行所謂文武之政布

在方策或舉或息存乎其人故爲政在身而修身以道漢賈誼撰保傅傳詳載古時輔導君德之法先儒取列於經典朱子通解謂其識治要凡有愛君愛國之深慮者不可不省故朱子一生諫君之言始終不外正心一語惜宋主未能延納用人失宜萬政不舉明儒陳獻章慈元廟記推究宋室衰微之故歸咎化本不立以致時措莫知良不誣也夫三代盛時師傅一尊而王業隆盛孔孟傳聖功王道之秘其論治國平天下大本不外乎身心乃知賈誼朱熹之言蓋發明聖賢不易之訓可以爲萬世法程者也

文宗登極之初曾國藩倭仁引古義疏請典學仰蒙手詔褒答

惜爲禮臣所格議寢不行此中消息臣於
德宗時言之四次今
德宗上賓以神器付諸
皇上一切軍國政事悉由
監國攝政王裁決以
監國攝政王之恭儉仁明臣何能窺其涯涘惟聞周公之攝政
也朝讀書百篇夕見七十士抱朴子稱周公大聖以貴下賤從
白屋之士七十人所師者十人所友者十二人夫以周公之才
之美尙必求賢講學然後致太平而開王業益信孔孟正心一
言必非迂闊也朱子戊申封事謂親王宜倣唐六典置傅友諮

議以司訓導妙選耆德以責功效是制於今日最合擬請
旨特設
監國攝政王諮議官選精通中國政學者若干人精通外國政
學者若干人不拘官階但求性質純良品行端正有益啟沃者
派充是差令其按日分班從容進講中外典故固可咨詢政治
得失亦堪討論會衆理於一心萃羣策爲己用至於用力之久
而全體大用無不明澈萬事萬物之來如影在鑒毫髮莫遁整
綱飭紀易俗移風以貽長治久安之麻端在是矣所有大略辦
法另繕清單恭呈
御覽伏乞

皇上聖鑒訓示謹

奏宣統元年正月二十日奉

旨留中欽此

謹將擬設諮議官辦法另繕清單恭呈

御覽

一定名　擬用朱子輔導親王之說仿唐六典名曰

監國攝政王諮議官設總諮議官一人總理進講事務以品端學正夙負重望之大臣爲之設左諮議官十人講中國政學設右諮議官十人講外國政學由臣工保奏請

旨充派皆定爲差事不作實官

一選法　擬令大小臣工凡有專摺言事之責者皆令各保二一人分中學西學保奏由

監國攝政王選派

一資格　除總諮議官由
特旨派充必用一二品大員外所有左右諮議官擬不論官階大小及有無官階皆可保奏但須品行端正學問通達反是惟原保官是問蓋官階愈小差務無多方有暇時考據古今以資啟沃若但論官階不論品學必如去年軍機大臣所保竟有自己不作講義令舉貢代作一誦塞責於啟沃無益也此條不拘官階欽遵康熙時選講官法兼採程顥曾國藩議

一進講　總諮議官資望既重品級亦崇自必差務多而無暇日但核講義不必日日進講遇有疑難之事
召見以備顧問其左右諮議官擬分兩班按日進講剛日講中

國政學柔日講外國政學於軍機起後進講至如何分別門類
編輯講義之處俟諮議官設立後請
飭詳定章程辦理
一體制　宋程頤爲崇政殿說書言講官無坐實非古制左右
諮議官進講擬設矮位坐講俾得從容討論如有
賞賜皆准專摺謝
恩車服視
上書房翰林
一薪俸　總諮議官每月二百金左右諮議官每月各百金由
度支部發給

一每日進講員數　進講之員太多不免徒務虛文謹擬每日以一人進講不事旅進旅退與尋常召見無異庶講官凝定專一得以悉心啟沃監國攝政王聽其講論古今亦得細察其精神器識即此可以陶冶人才矣此條錄曾國藩議

一陳講之道　講官陳說貴忠誠切直尤貴明於本朝掌故康熙十六年

諭講官宜進直言毋有隱諱二十一年

諭講官須有勸戒箴規之意乃稱啟沃又

聖祖御製講官箴曰體之行之朕躬是力載獻載替爾職宜飭

又曰誼貴勵翼先正其心爾苟勿欺吐辭足欽繹此八句則知切直者未有不由於忠誠也至於本朝掌故則大經大法實有超越前古者若能於每日進講之時將列聖至德善政稱述一二條不惟精神互相警發而爲講官者必熟於國家之典章則凡會典及列朝聖訓皆當時時研究此中之磨礪人才已不爲少矣此條錄曾國藩議

一覆講之法　康熙十四年

諭曰日講原期有益身心今祇講官進講朕不復講日久將成故事不惟於學問之道無益亦非所以爲法於後世也嗣後進講時講官講畢朕乃覆講如此庶有裨實學欽此臣思覆講之法不過疑者詰之誤者辨之非必逐句討論也今講畢應請
監國攝政王於疑難之處俯加詰問講官錯誤之處仰承
指示若無疑可問無誤可指卽不妨默識深領方爲可久之道

此條錄曾國藩議

一進講年數　康熙進講自九年至二十五年凡十有七載中間如三藩用兵九省騷動倉廩空虛實有倍甚於今日者而未嘗停講蓋

聖祖實由於此中深求政要兼勵人才非以此爲文章之娛也
湯斌之放江蘇巡撫
聖祖諭曰以爾久侍講筵老成端謹故特簡爾熊賜履之旣沒
聖祖諭吏部曰賜履夙學老成爲講官多年未嘗不以內聖外
王之道正心修身之體直言講論欽此當時偉人輩出大抵多
識拔於講筵之中蓋侍學旣久故知之眞也伏願
監國攝政王行之久遠不可遽求速效雖有偏災小警不可停
罷漸濡旣久風氣日振人才當有起色也此條錄曾國藩議

論廣西練新軍裁防營須籌萬全疏

奏爲廣西練新軍裁防營必預策萬全而杜後患恭摺仰祈
聖鑒事竊廣西連年兵燹永未肅清至今潯鬱一帶游匪横行刼墟村掠行旅視爲故常蹂躪我人民殺戮我士庶者皆散勇階之厲也聞該省撫臣鑒於兵患匪患有練新裁舊之議用意甚爲深遠惟以廣西財政之絀非裁併舊營不能騰出巨餉而裁併舊營必策及萬全方無流弊臣 桂人也於桂省兵將性質知之詳悉請爲
朝廷瀝陳之桂省軍人具有三長亦有二害曾歷戰陣見敵不驚熟悉地利履險如夷服習水土能耐煙瘴是三長也考其來

歷游蕩無賴者居其半入會爲匪者亦居其半是二害也若盡行裁汰勢必流爲匪黨挾其三長資其二害以與新造陸軍相見猶奔牛觸魯縞矣故廣西之匪廣西防兵能制之防兵變而爲匪新軍必不能禦之且新軍重在訓練入伍以後分年程功若學堂授課然勢不能以巡防也臣觀廣西各營榮軍爲上貴字營次之熙營濟營又次之貴營勇悍敢戰然習氣極壞熙營習氣既壞又無勇悍惟欠餉過巨裁之須防其變濟營名爲滇軍實則收納降匪十之三四就地募補又十之三四滇人不過三成耳此與丁槐衡軍無異平時尚姦淫擄掠無所不至若驟裁撤名曰回滇實則隱患仍留本地此外如綏遠軍萃字營皆

不得力然已裁汰所餘無幾至各府防兵及州縣親兵率皆無用可以痛裁省城所駐之常備軍曾經訓練麤具規模然召募之始亦甚複雜此可議歸併者也至於廣西諸將臣觀僅陸榮廷係可造之員將來堪任邊事若龍濟光太無紀律不過偏裨才耳其兄龍覲光冒功黷貨尤不可用擬請

諭令該省撫臣將新軍如何組織舊營如何裁併將領如何精選詳定妥章奏明立案即將練新裁舊事宜責成該撫一手經理該撫才長心細必能先事豫籌以紓

聖明南顧之慮邊防幸甚伏乞

聖鑒謹

奏宣統元年閏二月十三日奉
旨交張鳴岐辦理後片同

論桂邕鐵路片

再西報載法議院增加歲費擴充東方政策彼於越南日求進步者何哉狄人之所欲者吾土地也而吾邊境空虛荒地相望匪徒往來滇粵永無肅清之期舍今不圖後悔何及夫今日言固邊圉必以謀生聚興實業廣教育爲不易之要圖三者非交通便捷不能奏效故雲南廣西鐵路又爲西南邊防之命脈雲南路權已歸法人掌握者無論矣廣西鐵路現雖議辦臣觀皆紙上空談聞該省撫臣有畫桂林至南甯一線作爲官辦尅期興工之議惟鐵路以經費爲先非空言所能辦理擬請

諭令該撫將籌款用人及勘路修路各辦法逐年預算列表具

奏
朝廷不妨假以事權責成該撫臣按表興辦即以路之成否爲
其功罪務期數年中如表蕆事庶一切實邊要政可以實行未
雨綢繆莫此爲亟是否有當伏乞
聖鑒謹
奏

趙柏巖集
湘潭趙啟霖署檢
國立廣西大學圖書館
THE LIBRARY OF NATIONAL KWANGSI UNIVERSITY CHINA

諫院奏事錄卷六

監察御史全州趙炳麟竺垣稿

請確定行政經費疏

奏爲請
旨確定行政經費以免誤國事而促亂機恭摺仰祈
聖鑒事臣於五月初八日
召見養心殿
監國攝政王詢及九年籌備事宜臣對以應從豫算逐年經費
下手惟臣言語過拙土音太重恐面對尚未詳明謹具摺爲
朝廷瀝陳之夫立憲國之貴有議院者貴其以人民而協贊立

法審察歲用也法律財用必許人民參預者蓋君主行一政出
一令必度民力察民財法出能順輿情令行斯如流水故西國
政治家謂財政爲無形之道路舟車以其非此雖有良法美意
亦不能行也九年籌備若不量度財力逐年算定京外官吏文
牘往還顧炎武云明之亡國由於法制紛擾上下相朦臣實懼
之臣謹將籌備單內所開需款較繁者約略計算如巡警一項
單內所開在宣統七年廳州縣鄉鎭一律完備廳州縣土地不
齊且以百里爲率每廳州縣非練巡士五百人不敷分布京師
巡士薪水自八元至十元不等猶未完備外省薪水至少每人
亦需五元每廳州縣月需二千五百元歲需三萬元小省歲略

需銀二百餘萬大省歲略需銀三百餘萬而建局購器警官書記各薪俸尙不在其內司法一項單內所開在宣統七年各直省府廳州縣一律成立查司法爲三審制度各省應設高等審判廳一各府廳應設高等審判分廳一各州縣應設地方審判廳一各鄉至少亦必設東西南北四初級審判廳考地方審判以上稱合議制廳分民刑兩庭每庭至少設推事三人初級雖云單獨制然推事有不止置一員者而各級檢察官數又半之略計每廳州縣應設司法官二十餘員凡附屬於司法官廳之員役不與焉至小省分應設司法官一千五百餘員每員薪水至少以月三十元平均算之歲略需銀五十餘萬合之建造衙

署改良監獄及書記執事各人役薪水必在百餘萬以外教育一項單內所開在宣統八年國民識字義者須得二十分之一查現在各州縣僅設一兩等小學堂生徒多者百人少者數十人常年經費至少者需銀三千元而所教人數不過百餘以四萬萬人核算欲得受教者二十分之一每省非百餘萬之教育經費必不敷用自治一項單內所開在宣統六年廳州縣地方自治一律成立查民政部奏頒地方自治章程除城鎮鄉議事會爲名譽員不支薪水外其城鎮董事會鄉董鄉佐幷文牘庶務等員皆支薪水且自治範圍廣大需款尤繁此外如調查戶口改行官制清理財政在在非款不行倘不分年算定預籌的

款臣恐紙片上之政治與事實上之政治全不相符從紙片上觀之則百廢具舉從事實上核之則百舉具廢官吏之巧黠者裝襲虛文張皇門面以欺

陛下之爵祿而剝民間之膏血浮薄之士從而標榜之曰某也才某也能其實皆虛應故事而已臣每言念及此未嘗不撫膺太息而繼之以泣也擬請

旨飭下親王貝勒貝子大學士尚書侍郎翰林給事中御史各省督撫將九年籌備單內所開各條某年某事需款若干從何處籌定在何項指撥分年列表詳議具奏俟明年資政院開會即將此交該院議員核議視民力能否擔任分別輕重緩急次

第施行如此方有實事可爲不致以空文誤國一言喪邦大局
幸甚抑臣尤有請者堯舜禹大聖也其授受之時交相儆戒者
惟在四海困窮而已方今民生凋敝物力艱難臣於本年四月
初十日呈進講義引魏象樞請培元氣各疏及明呂坤憂危疏
略申其義京察
召見時又曉曉妄論於
監國攝政王之前臣非敢言爲民請命也臣本迂儒謬承
德宗景皇帝及
監國攝政王之知遇信用異於尋常臣深知民生休戚關係
國本安危臣如不言是負

朝廷也考呂坤在萬歷時上憂危疏其時神宗加稅尙未逾一千萬兩呂坤言之明主不納至懷宗時復加剿練諸餉合計三餉歲入不過二千一百三十餘萬兩而流寇四起外敵交侵呂坤若逆覩之今日四海困窮較萬歷時更有甚矣甲午庚子以來新舊賠款不下十餘萬萬洋貨侵入土貨不銷商務漏出者十年以來不下二十萬萬此皆輸諸外國者也近年度支所入歲逾一萬萬兩一切練兵之經費新政之誅求銅圓之損失何一非取給於民八口之家不聊其生者比比皆是也孟子曰此惟救死而恐不贍臣不禁爲中國前途悲矣國取諸民民取諸土今欲爲

國家籌經費尤宜先爲民人謀生計方不致竭澤而漁臣於光
緒三十二年十一月初一日請推廣農林奉
上諭著各省督撫通飭各屬詳査所管地方官民各荒並氣候
土宜無論遠近繪圖造册悉數報部由農工商部詳定妥章奏
明辦理等因欽此至今數年無一省奏報者經農工商部兩次
請
旨飭催各省亦視若具文擬請
明降諭旨嚴催辦理并請
飭令會議諸臣詳籌推廣農林振興工藝辦法分年列表奏明
認眞舉辦庶幾民利可興用之不盡孔子曰百姓足君孰與不

足是全在
陛下之維持扶助也凡 臣所言關係安危至計應請
旨飭交會議施行不勝迫切待
命之至伏乞
皇上聖鑒謹
奏宣統元年五月十五日奉
上諭前奉
先朝諭旨農林要政着各省督撫飭屬詳查所管地方官民各
荒並氣候土宜限一年內繪圖造册報部並迭飭令各省興辦
工藝實業原以農工均為富民要圖辦理刻不容緩現在時閱

兩年奏報尚屬無幾着農工商部再行嚴催各省督撫將以上
應辦農林工藝各項事宜迅速分別舉辦毋再因循悠忽用副
朝廷振興實業念切民生之至意欽此

京畿道會奏請褒嘉永麟疏
奏爲京員捐生効忠請
旨褒錄嘉言以慰貞魂而維風化恭摺仰祈
聖鑒事竊考
太祖高皇帝嗣位之初
大誥國人宜盡忠誠直言規諫蓋人臣能以忠誠存心則見某事之利爲民之休某事之病爲民之戚必有不能已於言者此
太祖之所必嘉也後世人心陷溺視國事如秦越喜戚不加於是百弊叢出矣前大學士曾國藩云無兵不足深憂無餉不足痛哭獨擧目斯世求一攘利不先赴義恐後忠憤耿耿者不可

亟得或僅得之而又屈居卑下往往抑鬱不伸以挫以去以死
而貪饕退縮者果驤首而上騰而富貴而名譽而老健不死此
其可爲浩嘆者也國藩之言以爲忠憤者不伸貪饕者不去風
化一衰國事未有能振興者故治天下必以維人心正風化爲
先務也本年七月有頤和園八品苑副永麟以民力艱難宦途
貪冒心焉傷之爲疏欲上
監國攝政王而自念官小恐獲罪戾欲攔輿呈遞又恐驚動護
從乃託愛國報登載拜疏後遂捐生自盡冀宛轉以達
天聽藉託尸諫之義其志亦可哀矣 臣等讀其遺疏如恤民生
去積弊興實業求眞才皆正論也其言封疆大吏部院重臣舞

弊營私侵呑浮冒尤切中時弊近數年來京外大臣巧立名目侵冒巨款或數十萬或數百萬此處開銀行彼處修花園上蝕國帑下剝民財國事之敗壞以此民生之凋敝亦以此此皆由預算決算尙未確定會計檢察院尙未成立故權力謬巧之徒得借事以逞其貪婪之欲全賴
朝廷威力每發覺一案必以嚴刑峻法治之猶可懲一儆百
聖祖云貪官之罪斷不可寬殺一足以戒百卽謂此也 臣炳麟於本月十八日講義詳考
祖宗朝懲治贓罪之嚴並將所斬大學士督撫司道等詳開備覽者欲

朝廷毋稍寬縱杜貪風以保民命也而永麟以一微員能見及此則大臣之聚斂致富者可以愧死矣臣等聞彼致命時家人勸解之不從必求一死以重其言是其存忠誠之心已非一日若聽湮沒何足以厲人心臣等謹將原摺抄錄恭呈
御覽擬請
旨宣示部院督撫閲看使天下知
聖明在上葑菲不遺將激發天良嘉言罔伏於風俗人心大有裨益也臣等職掌京畿有表彰風化之責謹合詞具摺瀝陳是否有當伏乞
皇上聖鑒謹

奏宣統元年七月二十一日奉
上諭掌京畿道監察御史崇興等奏京員捐生効忠請
旨褒嘉並請宣示原呈一摺司幄銜
頤和園八品苑副永麟條陳時事遽爾捐軀秉性忠誠殊堪嘉
憫永麟著交部從優議卹欽此
附錄永麟條陳
賞加司幄銜　頤和園八品苑副臣永麟頓首謹陳
監國攝政賢王殿下竊自庚子以後時事孔艱叉不幸
兩宮升遐萬幾愈形棘手當此之際正臣子臥薪嘗膽之秋自
應激發天良力固邦本徐圖挽回大局今以國家新政鉅款難

籌政府無點金之方司農有仰屋之歎會議加捐加稅取給民間本不得已之苦衷舍此別無良策然以臣愚見大創之後元氣已傷繼以水旱偏災米珠薪桂小民之生計已屬萬難若再加以煩重之國課吏胥藉端生事騷擾苛求浮冒徵收或相千百設使一朝激變外人必藉口保護教堂使館陽以重兵駐守陰行其反客爲主之謀我兵剿撫亂民自是摧枯振落臣恐亂民肅清之日卽外人實行領土之時此臣之所以痛哭流涕不能已於言者一也且開源亦須節流每見各省創建學堂以及營盤衙署動輒數萬或數百萬數千萬其餘巧立名目支用浩繁更有封疆大吏部院重臣居然舞弊營私侵吞浮冒賄賂公

行司空見慣即或偶然發覺其夤緣請託彌縫最工察無實據者有之情尙可原者有之案情實係重大僅擬革職處分聊以塞責該員竟坐擁厚貲逍遙法外寡廉鮮恥相與效尤因而官場之僭越驕奢貪婪橫暴肆無忌憚者惟日不足民間之困苦流離泣涕哀號委身溝壑者亦日見其多國計之艱難庫款之奇絀岌岌乎有不可終日之勢若再因循數年則大局何堪設想此臣之所以痛哭流涕不能已於言者二也中國地大物博出產最富森林礦產漁業以及路政商務認眞講求實爲富強之本吾皆不甚注意外人反視爲奇貨可居百計營謀或運動權要或勾串劣紳要求合辦迨合同既立我絀彼盈始覺被欺

太甚設法議廢成約交涉實非容易卽幸而挽回在彼辦則爲金穴在我辦如獲石田推原其故實被一弊字害之也果能力除積弊實用人才遴臣廢員僑民留學生中儘有眷念祖國才堪大用者是宜實心探訪其人虛心嘉納其言然後推誠相待用盡其長開無盡不竭之利源則中國之強可計日而待也何必定在捐民一途設想也此臣之所以痛哭流涕不能已於言者三也至於文學以造就賢才爲本不尙浮華武備以固結軍心爲本非徒形式籍可出入爲輕於背本者開方便之門後來之流弊滋多金作贖刑爲富而不仁者立爲非之劵此日之寒酸可憫融合滿漢毋事空談澄敘官方先誅貪娼官員之廉俸

必使足仰事俯畜之資生民之日需必使有貴賤等差之制條理就緒威德兼施古云德而不威其國外侮威而不德其民內潰外侮尙可圖存內潰則成瓦解此臣之所以痛哭流涕不能已於言者四也凡此數端係愚臣一得之見實非無病之呻吟伏乞我

賢王察之臣籍隸內府世受

國恩目覩時艱竟成心痗時切杞人之憂故作冒死之諫又因識字無多措辭失當越職言事國有常刑臣稟賦孱弱不堪獄吏虐辱拜摺之後懼罪捐生望我

賢王憐而恕之再臣繕此摺原欲求本管堂官代行呈遞誠恐

賢王震怒累及率行代遞之人故而未敢繼思攔輿呈遞又以
護從如雲瞻拜匪易大聲疾呼必遭斥辱因思報館天職公益
必登遂拜封郵寄宛轉以達
鈞聽如臣言可取采擇施行臣死且不朽臣痛哭流涕頓首謹
陳

請宣布　德宗手詔編入　實錄疏

德宗戊戌變法欲罷守舊大臣而登用新黨其令議政　皇太后不以爲然

德宗降手詔賜楊銳令其妥籌辦法毋拂　皇太后聖意語語仁孝讀之墮淚楊銳被逮受戮其子楊慶昶與其門人黃尚毅縫　手詔於衣領內帶還蜀宣統元年八月十二日齎遞都察院請代奏恭繳余掌京畿主持代奏並單銜請宣付　實錄以彰先帝仁孝摺上留中

奏爲請
旨宣布
德宗手詔敬謹編入
實錄維繫天下之人心扶植萬古之名教恭摺仰祈
聖鑒事竊以人心者立國之根本名教者經世之大坊善爲治者辨別是非整飭綱紀使名教彰於上人心協於下治天下猶運諸掌也欽惟我

德宗景皇帝蒿目時艱勵精圖治以堯舜之心採墨歐之法使
當日得行其志既無數百兆之賠款加以十餘年之時期則庶
政修明邦基鞏固必非如今日之中國可斷言也是以
德宗龍馭上賓中外臣民聞之無不痛哭外務郵傳部郎且有
聯名上書都察院請將
德宗實錄精擇詳採昭示後人足見
遺澤在民人心歸附也本月十二日又有四川綿竹縣拔貢生
楊應昶中書科中書黃尙毅恭齎
德宗手詔呈請都察院代奏其原委詳載都察院所遞原呈臣
不贅述臣恭讀

手詔語語仁慈言言孝敬既欲變法以救中國又恐過驟而拂
聖心在
孝欽顯皇后閱歷艱辛恐疾行而致蹶在
德宗景皇帝振興積弱復委曲以求全是
聖母止慈
聖皇止孝足建人倫之極堪爲名教之坊或疑大臣者國體所
存罷黜之豈宜過急不知任免者皇權所屬執行之未可旁移
況
聖祖親政則芟除鼇拜一流
仁宗登極則屏棄和珅之黨

祖宗故事載在典章卽東西立憲各國每易政府內外大臣無不悉數更換以一政權而免掣肘五洲憲法靡不同文獨有中國之大臣知進不知退無論國事敗壞至於何極而大臣猶覥顏如故援引私人通行賄賂全無忌憚視爲故常盤踞把持君民束手十年以來主權旁落民生凋敝皆由於此臣每言念及之未嘗不中夜撫膺流涕長太息也現當恭修

德宗景皇帝實錄之時擬請

明降諭旨飭令該總裁等敬謹編入

德宗仁孝之心流傳萬古此固

陛下之至德要道以順天下民用和睦者也臣無任悚惶待

命之至伏乞
皇上聖鑒謹
奏宣統元年八月十七日奉
旨留中欽此

再請宣布　德宗手詔編入　實錄疏
奏爲再請
宣布
德宗景皇帝手詔敬謹編入
實錄恭摺仰祈
聖鑒事宣統元年八月十七日都察院代奏楊應昶恭繳
德宗變法手詔臣於是日疏請編入
實錄乃未蒙
朝廷允准中心惶惑至今莫釋竊思中國自甲午以來時艱孔
亟

先帝懷抱偉略變法圖存乃輔弼無人雄心莫展悠悠十載遂
即橋山今則外患迭乘中原罷敝此誠危急存亡之秋也然而
仁人志士猶復呼號奔走延頸企踵日冀
監國攝政王之中興者蓋追維
先帝之遺志欲報之於
陛下也誠宜整飭綱紀辨別是非一鳴驚人策聾振聵以光
先帝遺德而固
祖宗之基業不宜妄自菲薄遇事謙讓以寒天下之心也況
先帝深知中國貧弱責任實在於羣僚非策勵大加洗心革面
無以救四百兆倒懸之赤子即無以保廿二省錦繡之江山既

欲振起頽綱與民更始又必禀承
慈聖弗失
歡心是
爲君止仁
爲子止孝不徒一時人心所係且爲萬古名教所關我
監國攝政王使
先帝此心遂湮沒而不彰天下後世其謂
監國攝政王爲何如人也
監國攝政王孝悌性成政權在握正宜以
先帝之心爲心以

先帝之政爲政使英才効用天下歸心昔司馬光包拯奏事未
蒙裁納至十請二十請雖去官不已者臣謹援是義復請
飭令檢出本年八月十七日都察院代繳
德宗手詔
諭交實錄館敬謹編入不惟
先帝在天之靈可以少慰且國是一定
皇綱易於整頓人心不致喪失天下幸甚倘以臣言爲不當亦
請處分臣罪
敕部嚴懲使四方後代知我中國有不負國之
君亦有不負

君之臣則大義昭然人心猶可不死此臣所以報
先帝而忠
陛下之職分也臨疏涕泣墨淚交流伏乞
皇上聖鑒謹
奏宣統元年十一月初九日遞奉
旨留中欽此

密陳外交大計疏

奏爲密陳外交大計請開
御前會議速定辦法並調查成案以備考核恭摺仰祈
聖鑒事竊思日俄戰罷以後東三省主權暗失日本處心積慮欲經營滿洲遂以併吞內地臣於光緒三十三年二月十九日籌遼備倭疏內業經詳細指陳然是時猶有各國牽掣也近年英日同盟日法協約日俄協商皆已逐次訂立聞日本國會政黨多主擴張滿洲權力其政策悉合戶水寬人矢野龍溪等之論著俄國政府亦擬每年移民五十萬於西伯利亞及東海濱省設軍港於海參崴以遂東圖之志我國處此時勢惟有一面

利用外交以相維繫一面整飾內政以圖自彊夫外交之術臣
愚嘗以聯絡美國爲對待日本之計曾於編修任內條陳翰林
院光緒三十一年六月十二日由掌院學士裕德孫家鼐據呈
代奏奉
旨交外務部在案近日聯美之說識者多以爲可行本年俄國
因接修東海濱鐵道經費支絀乃建售賣東清鐵路之議美國
自日本得大連灣以後商務損失正欲挽回利益乃以前領事
司戴德身入商界連合英人設立公司承借路款并由美總統
通牒各國籌備巨債助我贖回滿洲鐵道其路線照永久中立
辦理夫鐵道之中立卽爲土地中立張本此實我國外交上極

大問題倘因應得法可藉各國牽掣暫免分析乘此閒暇臥薪
嘗膽發奮中興未始非策也擬請
監國攝政王選擇王公大臣明達忠勇者在
內廷密開
御前會議或統籌全局或從一路試辦研究如何發端如何收
束日本外交手段靈敏萬變難保不運動與國解散從約反客
爲主圖攬東亞之霸權臣愚以爲我國宜認定錦齊一處路線
聯絡美人迅速定約使知主權操自我國然後再將一切辦法
次第籌畫借款合同應如何訂立方無糾葛經手人員應如何
稽察方能核實皆須熟思審處確定方鍼至他日永久中立議

案關係重要亦須事前考查以爲他日開議地步並請
飭令外務部密電各國出使大臣將泰西歷次承認永久中立
各案或關全國或關一域先後歷史條約權限詳細調查限半
年內咨送到部譯出備考抑 臣尤有請者外交之事凡他人謀
我者不妨使國人略知之以便共籌抵禦至我國籌議防人之
法宜加意嚴密使人無能窺測去年伍廷芳請訂中美同盟自
是良策惜朝臣有欲挾以自重者洩其謀於北京報主筆朱淇
首登其事使臣尙未出國門一步日本各報紙早已喧傳殆徧
此實不密之過也各國使館皆有秘密偵探經費詗我外交秘
謀內而宦寺外而職官不惜重賄句通藉探機密尤願設法防

維使消息不致漏洩則大局幸甚臣爲愼重外交起見具摺密
陳是否有當伏乞
皇上聖鑒謹
奏宣統元年十二月十八日奉
旨留中欽此

論留江侍御疏與陳田聯名
奏爲臺臣夙具孤忠懇請
朝廷曲諒恭摺仰祈
聖鑒事竊　臣等伏讀本月十八日
上諭前據御史江春霖奏參慶親王奕劻一摺牽涉瑣事羅織
多人朝廷早鑒其誣妄其中謂陳夔龍爲奕劻之乾女婿朱家
寶之子朱綸爲載振之乾兒尤屬荒誕不經當卽諭令明白回
奏茲據覆奏率以數十年前捕風促影之事及攻訐陰私之言
皆屬毫無確據恣意牽扯謬妄已極國家設立言官原冀其指
陳得失有裨政治若如該御史兩次所奏實屬莠言亂政有防

大局親貴重臣固不應任意詆誣卽內外大臣名譽所關亦不當輕於汚衊似此信口雌黃意在沽名實不稱言官之職江春霖著回原衙門行走以示薄懲欽此賞罰之權操之自上 臣等何敢瀆陳惟我

朝自崇德元年設都察院

祖宗明訓本責以匡救朝政彈劾官邪上而

君主之闕失下而王公及大小官吏之贓汚皆准其有聞卽奏但有一二款屬實言者無罪載在

大淸會典章章可考也康熙時熊賜履乾隆時曹錫寶皆以指摘首輔奉

旨令其囘奏所陳無據部議降調我
聖祖
高宗知其立品素正居心無他
特降諭旨留本任其後皆爲名臣至今傳爲美談江春霖夙具
孤忠在
先朝時覩權奸之震
主早欲捐首領以報我
朝三百年養士之恩及
陛下臨御以來江春霖蒙
召見養心殿

諭以報効國家自此感激涕零含辛茹苦未嘗一日忘
綸綍之付囑不顧利害至死靡他臣等環顧臺垣如江春霖者
固不愧爲眞御史也今若因言去職臣等恐天下寒心士氣沮
喪書之史册何足昭示後人是
朝廷之所失甚大而江春霖之所失小也慶親王奕劻誼係懿
親尤宜棄置小嫌顧全大局方足以釋天下後世之責備可否
請
旨收回
成命仿照
聖祖

高宗故事令江春霖仍留本任以觀後效天下後世不徒頌
陛下之清明抑以見待諫臣之有容矣臣田離先人墟墓於今
十年臣炳麟重闈年邁旅居長沙皆不能久居朝籍行將乞假
還鄉復何所袒於言路特爲
朝廷計方今主少國疑敵驕盜熾多留一正人即多留一分元
氣是以不避冒瀆披瀝具陳伏乞
皇上聖鑒訓示謹
奏宣統二年正月十九日內閣奉
上諭前經諭令建言諸臣毋得懷挾私見及毛舉細故倘敢任
意嘗試必予懲處該言官等應如何敬謹懍遵乃昨據御史江

春霖奏參慶親王奕劻並明白回奏各摺牽涉瑣事羅織多人以毫無確據之言肆意誣衊殊屬有妨大局本應予以重懲姑念該御史平日戇直尚無劣迹是以從寬祇令其回原衙門行走朝廷於用舍大權斟酌至當毫無容心茲據陳田趙炳麟胡思敬等奏請收回成命暫予優容留任効用之處著毋庸議欽此

同全臺論留江侍御疏

奏爲言路無所遵循勢將阻塞流弊滋多籲懇

明降諭旨以重臺職恭摺仰祈

聖鑒事竊臣等恭讀本月十九日

上諭前經諭令建言諸臣毋得懷挾私見及毛舉細故倘敢任意嘗試必予懲處該言官等應如何敬謹懔遵乃昨據御史江春霖奏參慶親王奕劻並明白回奏各摺牽涉瑣事羅織多人以毫無確據之言肆意誣衊殊屬有妨大局本應予以重懲姑念該御史平日戇直尚無劣迹是以從寛祇令其回原衙門行走朝廷於用舍大權斟酌至當毫無容心茲據陳田趙炳麟胡

思敬等奏請收回成命暫予優容留任効忠之處著毋庸議欽
此
綸綍昭垂臣等何敢瀆議惟臣等所論者非一人之去留乃全
臺之職掌亦非一官之存廢乃舉國之安危請就我國現在情
形參酌中外古今設官分職之理敬爲我
皇上陳之天生民而立之君以爲民也君不能以獨治設官以
分治之而用人不能必其皆賢也於是設御史臺以監察行政
彈劾官邪綱紀相維上下皆受治於法律之中故吏稱其職民
安其業而天下治矣其在東西立憲各國有國會以糾察政府
通達民情又有行政裁判院以司行政之訴訟左右維持勢無

偏重理有同然也我
列祖
列宗以來許臺臣風聞言事但有一二款屬實即免議處者深念民人疾苦非是無以周知官吏貪横非是無以禁止法良意美行之二百餘年倘彈劾大臣而即謂其懷挾私見則彈劾小臣必又以爲毛舉細故是都察院之性質全失矣而國會未開行政裁判院未立司法之權與行政相混合監財之柄無專司以檢查一切大權皆付諸内外行政大臣之手并舊日都察院之性質亦歸於有名無實
陛下能必所用之人皆無過擧乎倘不幸而巧立名目剝削百

姓輩金私室集怨公朝如是則民受其害矣更不幸而排斥異
己任用私人威立勢成相顧結舌
天子號令不出一城孤立無援竟同尾大如是則
君受其害矣且也九年籌備事體紛繁萬一徒飾其名不求其
實大臣以一紙空文報諸政府政府以數言奬語稱爲考核從
虛文觀之則百廢具舉就實事考之則百舉具廢無人糾發
陛下終無由知之如是則不免上下相蒙大臣之巧黠者甚且
託名辦事斂費閭閻其實則輸賭要津已收其利而所辦之事
全虛也上既許民人以立憲之福下反受官吏以立憲之禍如
是則不免上下相疑民猶水也載舟者水覆舟者亦水不堪其

虐鋌而走險如是則不免上下相衝夫至於上下相衝考諸英
法歷史曰大革命或十餘年或數十年肝腦塗地竭全國之力
僅僅底定波蘭則以內部肇亂外人乘之遂召分析之禍其原
皆由於行政專橫之所致也臣等以茲事關係重大不敢緘默
應請
明降諭旨飭令建言諸臣仍遵
欽定臺規歷奉
列聖諭旨辦理俟國會已開行政裁判院已立司法之權確然
特立財用檢察設有專司然後都察院如何處置恭候
聖裁臣等全臺會議意見相同聯銜具陳伏乞

皇上聖鑒訓示謹
奏宣統二年正月二十三日奉
上諭給事中忠廉等奏言路無所遵循請明降諭旨一摺前因
御史江春霖以毫無確據之言肆意瀆陳殊失建言大體諭令
回原衙門行走以示薄懲茲據該給事中等奏稱請飭仍遵
欽定臺規
列聖諭旨辦理等語覽奏殊多誤會朝廷優待言官凡有切實
指陳無不虛衷採納豈有抑遏言路之心況我朝
列聖廣開言路凡有條陳得當無不虛衷嘉納其參劾失實者
亦必予以譴責詳載臺規該給事中等當共知之嗣後仍宜恪

遵
祖訓謹守臺規凡遇民生疾苦官吏貪橫諸大端務當據實陳
奏如立言得體必立予施行用副朕博採羣言虛懷納諫之至
意將此通諭知之欽此

劾慶親王弈劻疏

奏爲親貴大臣貪庸亡道負國背
君罪大惡極天怒人怨籲懇
神威特斷罷其政權議其罪案以協人心而彰國法恭摺仰祈
聖鑒事竊考我
世宗設立軍機處以來本無以王公入樞廷者嘉慶間成親王
永瑆學望素著
仁宗令在軍機處辦事不過數日因其與國家定制未符仍令
不必在軍機處行走載在嘉慶四年
仁宗實錄彰彰可考自同光以來

兩宮
皇太后臨朝稱制不能不用親貴以鎭服
皇室於是恭親王奕訢禮親王世鐸慶親王奕劻相繼入樞廷任是職者應如何公忠廉正以衛
宗社而安人民乃不謂罪大惡極有如慶親王奕劻者臣請將奕劻當國以來述其大略已有十二大罪爲天下後世所共知者敬爲我
皇上陳之前直隸總督袁世凱在
先朝時跋扈恣睢久爲
先帝所深惡世凱內結奕劻外領疆帥政權兵權財權一手握

盡是以御史黃昌年劾其勢淩
君主御史王乃徵劾其帝制自爲給事中陳田劾其跋扈不臣
世凱威權震
主昭然若揭
監國攝政王在藩邸時當悉知之而弈劻乃引世凱爲軍機大
臣使
先帝日日望見世凱敢怒不敢言中懷鬱結遂致
聖躬不舒光緒三十三年聞陝甘總督升允卽以此彈劾世凱
及弈劻等
先帝亦因此抱病日深遂辭賓宇

橋山之痛天下同仇爾時幸有
孝欽顯皇后洞鑒隱微
召大學士張之洞以相牽掣弈劻袁世凱等深忌內有張之洞
在政府外有馬玉崑將重兵皆不附己又謀出馬玉崑於江南
復爲
先朝燭破留不發出天與人歸乃有今日世凱目無
先帝弈劻黨庇世凱其心目中又何嘗有
君父哉明楊繼盛劾嚴嵩云叛臣者非必謀反之謂凡心不在
君而背之者皆謂之叛以此令弈劻自思何以上對
九廟下對天下士民是爲黨奸逼

主大罪一福建奸人力鈞者本無賴子以治弈劻病日往來於
弈劻之門載振爲商部尚書時補力鈞郞員
德宗有疾弈劻薦力鈞治之
德宗聖躬本弱不宜苦寒之劑天下臣民雖不知醫皆共知此
理而力鈞乃用大黃芒硝以取大瀉久病柔弱之臟腑焉能勝
此盪滌御史謝遠涵劾陳璧摺內曾劾及此查辦大臣以力鈞
請假去
德宗賓天爲日頗久不知
德宗之久疾因大瀉而益深力鈞之請假思脫身以避罪力鈞
何心薦力鈞者又何心耶是爲薦醫傷

君大罪二袁世凱倚弈劻爲護符而非金錢無以結弈劻之歡
也於是陽借籌款爲名陰以遂其輸賄要津之計光緒二十六
年前直隸總督李鴻章奏辦順直善後賑捐計收銀壹千捌百
叁拾餘萬兩世凱造咨報部者壹千肆百伍拾玖萬餘兩尚有
銀叁百柒拾餘萬兩未經報銷有案直隸永平七屬鹽務自光
緒二十九年改章始則壹萬數千三十年增至陸萬餘兩三十
一年增至十三萬八千壹百餘兩三十二三等年報部之數與
三十一年分毫無增減今聞監理財政官劉世珩云永平鹽務
可收銀三十餘萬兩是此中任意侵蝕路人皆知乾隆時山東
巡撫國泰侵帑以媚和珅卒因御史錢灃奏劾

高宗將國秦正法和珅不敢袒庇袁世凱以奕劻始終廻護至
今北洋財政不能清釐奕劻膽妄較和珅尤甚是爲通同蝕帑
大罪三出使大臣職任極要古時與宰相並重各國選用通才
不敢少濫至於督撫大員總握一省政權尤應如何慎重周榮
曜廣東之奸胥也而奕劻用爲出使大臣段芝貴天津之賤役
也而奕劻用爲黑龍江巡撫其後榮曜被疆臣參出劣迹萬端
先朝震怒削其官職籍其家產獲贓數百餘萬兩段芝貴亦爲
臺臣劾罷天下皆頌
先朝之淸明雖奕劻有無受賄人不得知而但就用人論之奕
劻位列首輔於使臣疆臣自宜遴選眞才匡茲危局乃任彼私

意引進闒茸由此類推十年來内治之廢弛外交之失敗詎生厲階至今爲梗是爲濫用非人大罪四自弈劻任用宵人天下風俗爲之大壞以金銀爲應酬以姬妾爲投贈司道以此媚疆帥疆帥以此媚輔臣賄賂公行靦不知恥蹤跡詭秘根據難尋查之無憑言者有罪事實雖著舉發極難貨賂交通所盜竊者皆

陛下之財政閭閻剝削所喪失者皆

陛下之人心此等流弊在鼇拜專政時萌芽漸長賴

聖祖既罪鼇拜復納御史李之芳言罷斥鑽營各員遂以固我

朝有道之基臣於本年正月二十四日講義略述其事今則風

俗已成凡士大夫之嗜利無恥者無不以弈劻爲歸宿所喜則陰爲引援擢置顯要所惡則密行訾毀公肆擠排偶有發其一二細故者卽不免褫職而去蔣式瑆劾之則罷言職矣趙啟霖劾之則受嚴譴矣江春霖劾之又解臺任矣勢成威立中外靡然徒使天下之忠臣賢士深憂永嘆不樂其生而貪利亡恥敢於爲惡之人四面紛然攘袂而起以求逞其所欲長此不回天下事尚堪復問乎是爲敗壞風俗大罪五善則歸君過則歸己此人臣事君之大義也故書曰爾有嘉謀嘉猷則入告爾后於內爾乃順之於外曰斯謀斯猷惟我后之德東西立憲各國以宰相受國人責備君主立於無過之地亦同此義蓋非此則君

主當過民人離心國本動搖邦基危險視變易政府利害懸殊
矣弈劻則不然國會代表之來也弈劻見之曰我亦國民一分
子自必幫忙是明其願立憲者弈劻不願立憲者
朝廷也江春霖之讜也力鈞宣言曰我聞慶邸云此次非爲我
老慶爲介弟報復耳 臣固知
朝廷賞罰一秉大公但此言流傳天下謂國君而仇匹夫其誰
不解體 臣不知弈劻將置
監國攝政王於何地且置
皇上於何地也是爲歸過
朝廷大罪六弈劻位居樞輔躬操用人之權自當求天下才以

治天下事乃中外高位多其戚黨卽云舉不避親古亦有之然必其親爲有才方可臣聞陝西巡撫恩壽之貪庸浙江鹽運使衡吉之卑鄙祇以弈劻私人覥顏高位乾隆時軍機大臣張廷玉多用親戚爲左都御史劉統勳所劾廷玉卽不自安必求高宗將其親戚停陞弈劻各親戚爲江春霖所論弈劻毫不爲動若理所應爾者此其心目中尙復知有忌憚乎是爲營私蔽賢大罪七自來政治修明必須用人得當用人之道不外選任及懲戒兩法選任所以愼之於始懲戒所以保之於終中外古今莫之能易弈劻進退羣僚全視應酬之厚薄選任官吏之濫五洲所無我國懲戒貪汚惟特言官參劾是以

列祖
列宗以來凡參案查辦最爲嚴切湖廣總督孫家淦以查辦許容意存偏袒則褫職論戍矣大學士莊有恭以查辦段成功詞多隱徇則拿部問罪矣往往一案經數人必期是非明晰者
列聖豈故爲苛刻哉以綱紀所關即治亂所屬是非不明則賞罰不行和事天子模棱宰相皆世亂之所由來也近年一切參案查辦大臣無不請示於弈劻弈劻暗通消息多爲開脫以致徇私違法之徒上不畏臺垣之彈論下不顧民命之艱危視國紀如弁髦輕民生如草莽窮奢極欲貪得無厭皆恃弈劻爲奥援是以肆意貪横全無忌憚選任旣濫懲戒不嚴吏治安得不

弛民生安得不蹙怨深禍結如國本何是爲濁亂內政大罪八
奕劻自爲總理各國事務大臣以至今日數十年於茲外交著
著失敗如浙江雲南兩廣之路山東山西河南之礦考其許外
人干預合同大抵皆奕劻任總理衙門時經手畫諾至今太阿
倒持不可收拾幾有路礦瓜分之勢而奕劻反借外交以自重
聚九州鐵能鑄此大錯乎是爲損失外交大罪九袁世凱自被
言路彈論心不自安具疏辭兵權
先朝英明
手批允准而世凱疑其爲軍機大臣瞿鴻璣所贊成也銜之刺
骨適有御史趙啟霖參劾奕劻一案啟霖湖南人也世凱微服

入京謀之弈劻賄囑翰林院侍讀學士惲毓鼎以授意言官等
詞將瞿鴻璣劾去事實不待查覆奏疏不見發鈔我
朝開國以來未有不顧紀綱不畏淸議倒行逆施如弈劻者是
爲排斥異己大罪十弈劻積威既久天下靡然無論如何援引
親戚任用私人舉朝士夫不敢議論我
皇上沖年繼統
監國攝政王謙讓爲懷往往
朝廷舉辦一事議論蠭起雖此等浮言是否爲弈劻黨人所暗
播不可得知然京外知有弈劻不知有
朝廷非一朝一夕之故矣是爲勢壓

君主大罪十一古今中外治國之道不同無不審度財力詳察情勢酌定政策用奠邦基英之政不必悉合於德德之政不必悉合於日本各審國勢民情求其法之能行行之有益而已奕劻之當國也所定政策不度財力不察情勢聽任浮動少年麇聚袁世凱之門以日本法制爲藍本任意獵襲挂一漏萬悉強吾國行之預定年限以相督催疆吏不能行則爲空文報政府政府亦自知其不能行則張皇敷衍以上欺

陛下下欺天下蒼生竭全國之力爲無益之事

朝廷患其紛更無一實效可紀民人病其騷擾遂致生計日艱奕劻老矣或不見他日禍發之烈獨惜

祖
宗百計經營之天下竟敗壞於庸臣之手不可收拾是爲失政
誤國大罪十二奕劻既有十二大罪又有大奸足以濟之或因
外人之交涉或因國內之流言使其黨彼此相傳黑白易位臣
工固不敢彈論雖以
陛下之聖明亦若非有奕劻從容坐鎭則中外必不能帖然者
而不知使
陛下名譽日頹人心日去一朝禍發眞
社稷之憂也 臣讀宋史奸臣傳賈似道在理宗朝專權納賄盤
踞日久及度宗立以似道熟悉朝政且有定策功每一言及告

身朝中大駭手詔慰留且以太后命催視事軍國大政皆就決
於私堂中外敕書悉撰擬於館客宰相望風諫官鉗口文天祥
等小忤意卽屛斥不用內政外交惟似道一人是倚遂致正人
高蹈天下土崩敗國亡家爲萬世笑則貪庸之誤人宗社也甚
矣唐太宗云以事爲鑑可知興替以人爲鑑可知得失賈似道
貪庸誤宋豈非千古之金鑑哉當斷不斷反受其亂臣願
陛下念
祖
宗創業之艱思子孫貽謀之遠出自
英斷振此

乾綱輕則罷奕劻之政權重則議奕劻之罪案使天下後世曉然於宮中府中俱爲一體刑賞黜陟實無異同天下幸甚大局幸甚抑臣尤有請者政府貳天子以治天下爲天下利害之所關卽爲天下責備之所屬有功則賞有罪則罰賞罰能行故政治無誤若以親貴任之賞罰有所不行政治必多闕失獨使天下人民身受政府之害而心怨君主之不明遠近相傳紛然解體國本危險思之寒心故各國皇族不爲國務大臣正所以尊崇皇室長保乂安也我

太祖天命七年

命皇子八人俱爲和碩貝勒共議國政實爲王公參預政治之

始次年
命八大臣副之未幾
特命費英東何和哩額亦都扈爾漢安費揚古等五人爲佐理
國政大臣輔
天子裁決庶政顯然於親貴之外擇人輔相
太宗御宇釐定部院官制設內三院以爲行政總滙任是職者
乃范文程等滿漢各大臣王貝勒則統兵任征剿而已
世祖入關統一中夏此後雖有議政王大臣然其制多主議政
非主行政也至
世宗設立軍機處不任親貴而任滿漢大臣

祖訓煌煌深得立憲國任用政府之意同光間
太后訓政任親貴以爲軍機大臣實有不得已之苦心今幸我
孝欽顯皇后及
德宗景皇帝以大統付我
皇上繼承中外大政悉由
監國攝政王裁決若再用親貴以爲政府此多頭政體未有不
誤國兆亂者孔子曰天無二日民無二王孟子曰定於一　臣尤
願
陛下深思立憲各國皇室不當責任之制及我
列祖

列宗不用親貴爲軍機大臣之義釐定政府體制不分滿漢不
論階級但須志趣忠純學識明達者由
陛下親任責以成效有功則賞有過則罰賞罰易行政治可日
躋於美備此實我
國家億萬世之福也 臣嶺嶠寒儒少習章句乙未第進士書法
本極惡劣
殿試錯五字讀卷者黏黃籤五條我
德宗景皇帝以臣對策熟於
本朝掌故擢置上第遂入翰林當是時適値廣西匪亂 臣上書
言匪黨蔓延良民荼毒根株不靖後患方多由掌院學士崑岡

徐桐代奏我
德宗景皇帝立採臣言摘去廣西巡撫黃槐森頂戴勒限肅清
臣自此深感
聖主之知遇思報涓埃於萬一不謂時事日艱一籌莫展側身
臺諫報稱毫無近日
陛下諭臣衙門恪遵
祖訓謹守臺規欽惟我
太宗設立都察院奉
上諭凡有政事背謬及貝勒大臣有驕恣慢上貪酷不法無禮
妄行者許都察院直言無隱即所奏涉虛亦不坐罪儻知情蒙

蔽以誤國論欽此
世祖入關叉奉
上諭都察院爲朝廷耳目之官上至諸王下至諸臣孰爲忠勤
孰爲不忠勤及內外官員之勤惰各衙門政事之修廢皆令盡
言欽此
陛下以今日之時事較之
開國時爲何如弈劻之貪庸較之
開國時之王貝勒爲何如臣如不言不惟負
陛下且負
祖

宗設立都察院之意用是不避斧鉞愷切直陳
陛下宸衷獨斷能去奕劻固爲美舉
陛下如以茲事體大必須斟酌請
明降諭旨將臣言令王公大學士部院大臣翰林給事中御史
會議具奏若以臣言爲是則請罪奕劻以固我
朝億萬年之基若以臣言爲非亦請罪臣以謝奕劻臣不勝忠
憤填膺悚惶待
命之至伏乞
皇上聖鑒訓示謹
奏宣統二年四月十九日奉

旨留中欽此

再請預算行政經費疏

奏爲請

旨飭議事 臣 於宣統元年五月十五日請確定行政經費未蒙

朝廷交議今年長沙民變 臣 省親至湘目覩湖北流民不下二十餘萬湖南省城人心粗定而民間乏食十室九空搶米之案日數十起又聞江南海州等處饑民圍城人心搖動兼之南方久雨又將爲災湖南之茶損傷殆盡湖北之麥收穫無期不知明年是何景況百姓困窮至此若不度量財力以定新政次序在上多一虛文在下增一實禍保民不足擾民有餘良可慮也擬請

諭令軍機大臣檢出宣統元年五月十五日臣請算定行政經費一摺飭交王公大學士尚書侍郎翰林給事中御史各省督撫將軍將九年籌備單內所開各條某年某事需款若干從何籌定分年列表詳議具奏俟今年資政院開會即將此表交該院議員核議視民力能否擔任分別緩急輕重次第施行抑臣尤有請者大學言所好好之所惡惡之孟子言所欲與聚所惡勿施實為立憲之精意萃萬國憲法學說莫能外範圍焉夫民之所好孰切於生民之所惡孰甚於死無食則饑無衣則寒生死所關正治民者所當加意也現在湘鄂等省流民衆多老弱轉於溝

壑強暴流爲盜賊不可不預籌安插之策臣聞東三省土曠人
稀可興墾牧火車便捷移民不難並請
飭令京外諸臣籌撥款項詳議移民之法務使少壯有地可遷
藉收實邊大利老弱有食可給不致餓殍塞途此尤我
國家無疆之福也是否有當伏乞
皇上聖鑒訓示謹
奏宣統二年四月十九日奉
旨着在京各衙門各省將軍督撫將九年籌備單內所開各條
某年某事需款若干從何籌定分年列表詳議具奏至所稱湘
鄂等省流民衆多預籌安插之策等語着該部妥籌議奏欽此

論派員考查憲政流弊片

再臣聞憲政編查館館員現在極力運動該館大臣以考查憲政爲名派員分往各行省此事徒滋騷擾萬不可行臣查唐宋末世使節紛出民不堪命卒以亡國唐起於開元天寶之興利如楊國忠爲宰相所領四十餘使及元結言到官未五十日諸使徵求符牒二百餘封是也宋起於熙寧元豐之變法如蘇軾所謂使者四十餘輩事少員多人輕權重及司馬光所謂提舉司乃病民之本源是也此次憲政館派員分往各省在該大臣以爲發給路費不致擾及民間豈知冠蓋塞途徒耗國帑直接間接取諸閭閻倘有少年浮動操守難信之徒饋贈往來通行

賄賂招搖滋事爲害尤深回京不過粉飾空文報諸政府有百
弊而無寸益也臣愚以爲値此荒年政府宜知民力之當紓民
艱之當恤不可誤聽宵小之言額外騷擾致蹈唐宋季年遣使
擾民之流弊休養生息俾吾民得安其生爲民人留一分生機
卽爲
國家養一分元氣天下幸甚是否有當伏乞
聖鑒謹
奏宣統二年四月十九日奉
旨留中欽此

請訂官規疏

奏爲仕途濫雜蠹國賊民請
旨飭令詳議官規從速編定以飭吏治而安民生恭摺仰祈
聖鑒事竊以治國之有官吏猶治田之有農夫也農夫能熟於藝而勤於業則田野闢官吏能稱其職而精其事則國家安否則以學識闇昧嗜利無恥之徒使之服官治國猶使隳玩游民治田其不致荒廢本業者鮮矣夫官人之法古今不一其大端有二蓋未任之先則精選於始既任之後則嚴核於終二者不詳定辦法雖堯舜復起無所措手足也我
朝入官之途向以科舉捐納爲大宗次則保舉任子近年以來

朝廷以科舉之取士苟簡也於是罷科舉以捐納之進身叢雜也於是停捐納宜若可以得眞才收實效顧官吏反什伯闒冗於前且十羊九牧事權較昔日尤爲散漫者此何故哉蓋科舉雖罷而學堂畢業立授實官舉貢考職大逾常額捐納雖停而舊捐移獎疊出不窮市儈居奇竟同貿易兼之勳臣後裔不問賢否悉予官階新署人員但有淵源虛銜奏調名器褻濫至今已極加以權限不淸俸給不勻賢者勤勞王事往往沉淪下位而不免朔饑不肖放棄官司往往交結要津而驟躋顯位是以近日相傳妙語謂做事還做事做人還做人做官還做官聞之解頤思之扼腕夫入官之始其倖進如此服官之後其苟容如

彼
陛下望治雖殷求治雖切 臣竊慮此師師在位之人但知漁獵祿位居積貨財以驕妻妾蔭子孫猝有遺大投艱則相顧束手結舌視國事不加休戚且不知所謂休戚者而
陛下猶欲其殫智竭忠以襄
陛下中興之績是猶衣生番以文繡責疲癃使技擊微論其陽奉陰違也即或具有天良力求自效而固仍不習不知也孟子曰徒法不能以自行此之謂也 臣閱日本法規大全其第九類中有官規一門所載試驗之條服務之責懲戒之法扶助之方以及任用進級之階俸給服制之等分門別類縷晰條明可見

彼國事治民安亦由於官吏得人也我
國於以上各門舊制未嘗全無惟至今多有名無實或掛一漏
萬不可不速加訂定以肅官常應請
旨飭令會議政務處參酌中外古今訂定一切官規操縱於選
之任之控御之鼓舞之之間使其始不得倖進其繼不得苟容
內治整飭天下或可得而理今日四海困窮他項新政或恐無
力難辦惟此飭吏安民之舉
陛下但察以精心持以毅力事未有不可行者若聽此輩借官
漁利因緣爲奸貨賄交通幾同打劫
陛下不實行懲戒大張黜陟於上民生剝削眞有不忍言者矣

抑 臣 更有請者小廉必先以大法取人端在乎修身欲郡縣之
得人必須良督撫欲督撫之得人必須賢政府至於政府佐
陛下進退百官爲羣僚長應如何杜絕賄賂愼選賢能又在
陛下居心公明破除意見無一毫私慾之蔽存乎其間信賞必
罰循名責實毅然主持於斧扆之上董子云正一心以正朝廷
正朝廷以正百官此尤本原中之本原
陛下深留聖意毋忽天下幸甚 臣 爲飭吏安民起見具摺瀝陳
惟
聖明敕議施行不勝大願伏乞
皇上聖鑒訓示謹

奏宣統二年五月十九日奉
旨著會議政務處議奏欽此

請懲貪墨疏

奏爲貪風大熾民命日艱請
明降諭旨申明典章以懲墨吏而拯民生恭摺仰祈
聖鑒事竊維
國初嚴刑罰以懲貪墨臣於去年三月初五日講義及所進興
亡彙鑑第六篇詳論其義臣斤斤焉必欲
陛下留意於此者蓋以風俗人心關係至重故盤庚之誥曰無
總於貨寶生生自庸傳曰國家之敗由官邪也官之失德寵賂
彰也漢鑒秦失法網務寬然廷尉之議諸吏及諸有秩受其官
屬或所監治財物皆坐贓爲盜至於酎金除爵則終漢之世吏

不絕書魏晉及隋受賕請求罪名雖復歧異然皆專律特設假有犯者率從重科唐律監守自盜至三十匹受財枉法至十五匹刑均大辟若受所監臨財物或受財不枉法即貸死罪仍坐放流法禁森嚴故有唐一代貪以敗官者卒鮮宋初京朝官吏以贓敗者死罪不赦太宗乃減大辟流沙門島至眞宗則復減流島之坐刺配腹裏軍州法從世輕墨風大熾而蔡京韓侂胄史彌遠賈似道之流乃接踵乘法網之疎以便其私而屋其社明祖起自田間灼知墨吏之害刑法峻厲墨風浸革數傳而後易繯首爲徒科又下則僅以大計褫奪當准徒五年之坐迄於泰昌以後政以賄成廉隅大裂鄒元標疏論云剝生民脂膏以

媚要津竭公家庫藏以充私囊折費千萬視爲簞豆郵使絡繹
迹徧列省贖鍰不足佐之公帑公帑不足託之郡縣承順者竊
曰辦事薦揚恐後拂志者竊曰無才彈罷恐遲財在天地止有
此數用之者既如泥沙取之者安得不盡錙銖上有盜竊之行
下安得有自殖之民無惑乎杼柚空而饑餓者衆也元標言雖
沉痛而明主不納迨至天崇流極上自皇親國戚下至連帥牧
尹皆競尚貨殖肆行無忌民膏涸竭流寇縱橫樞相陳演至長
安已陷猶以賄聞四維不張國乃滅亡興言及此可爲寒慄我
世祖章皇帝定鼎中原鑒亡明之積弊順治三年
欽頒大清律受賍一門制刑特重受財枉法至八十兩實予絞

坐即不枉法盈納以上積至滿流此外尚有坐賍致罪事後受
財聽許財物在官求索借貸人財物等律若夫監守侵蝕則入
於盜律與盜同視至四十兩即擬雜犯絞坐
聖祖以仁德治天下然於貪婪之罪無絲毫寬假康熙二十四
年將秋審册內因貪獲罪人員一律正法
諭曰別項人犯尚可寬恕貪官之罪斷不可寬此等人藐視法
紀貪汚不悛者祇以緩决故耳今若法不加嚴不肖之徒何以
知警此內貪官耿文明等正法外其餘正犯俱照議完給欽此
甚至大臣穆爾賽九卿會議欲貸之
聖祖神斷立用重典

諭曰穆爾賽身爲大吏貪酷已極穢跡顯著非用重典何以示懲九卿會議穆爾賽事瞻顧徇庇並未詳明議罪朕不立斷誰肯執法治天下以懲貪奬廉爲要廉潔者奬一以勸衆貪婪者懲一以儆百欽此

世宗御極首先清釐庫款嚴禁侵欺挪移犯者立行正法官吏則量給養廉力除餽送錢糧則責成牧令連及經承

高宗嗣立嘗因山西布政使薩哈諒學政喀爾欽贓款敗露嚴法懲治

諭天下臣工曰

皇考整飭風俗澄清吏治十有餘年始得不變今不數年卽有

蕩檢踰閑之事既不知感激朕恩並不知懍遵國法將使我
皇考旋乾轉坤之苦衷由此廢弛言念及此爲之寒心因
特命吏部侍郎楊嗣璟前往會同巡撫喀爾吉善以重法懲之
臣考
高宗朝刑典楊灝侵帑巡撫九卿科道擬罪太輕
上怒一律議罪議處有差固爲大獄此外因貪婪伏法者有總
督勒爾謹伍拉納巡撫恆文國泰蔣洲方世儁阿思哈良卿王
亶望郝碩福崧張力行回疆辦事大臣高福樸學政喀爾欽布
政使薩哈諒于易簡楊龍文王燧王廷贊運使柴楨道府保德
普喜根敦札布王岱通判武元成知縣呼世圖羅學旦駱玉圖

臧根嵩吳秉禮黃汝亮段成功馮其栢楊家駒程棟陸瑋那禮
善楊悳言鄭陳善蔣熙宋學純李元椿王臣許山斗詹輝璘陳
鴻文黎珠伍葆光舒攀桂邱大英陳澍伯衡孟衍泗萬人鳳徐
樹枬陳韶甚至大學士李侍堯莊有恭後雖赦用然當其庇護
贓私則必定斬監候秋後處決以懲之不因其官崇減等也定
例凡官員犯罪贓者於限內完贓准其減等發落而
高宗則以貪官除參款外必有未盡敗露之贓私完款減輕難
示懲儆不准減等照贓治罪六十年中所有因貪棄市者不過
數十人而弊絕風清民康物阜上下充裕稱極盛焉所謂辟以
止辟者此也近日京外官吏狷潔自愛恪守官箴者固不乏人

而暮夜包苴授受曖昧者尤實繁有徒加以新政叢興漫無稽察創辦一事建築一處侵蝕移挪動輒鉅萬究竟所辦之事所築之宇寸效俱無崇朝傾圮者又不知其凡幾也狡黠之屬乃出其財貨以媚長官輦金私室拜爵公朝甚至首善之地司選之官竟以名器爲商品以官缺爲市場在挾貲以干者不惜出重賄以相嘗試一朝得當則上蝕國帑中挪要需下吏螟螣細民愁痛孤寡取償夙負如賈三倍黠之尤者則又出其蠹國殃民之囊橐分納權要以博薦舉購奏最漁獵膴仕蔭庇子孫生前既竊高位死後或濫美諡若此之類十恆六七其有聲名狼籍顯被彈劾贓款鑿鑿盈千累萬律以刑章萬無生理然

朝廷類施格外寬大之恩爲寢吏議冀全晚節即或贓鉅貫盈礙施寬典或予左遷甚而鐫級然仍得全首領飽私囊銜舟絡馬以返珂里資於有司長於鄉社臺榭陂池鼓鐘妖舞春容魚雅以終天年而游佻孫子發其贏餘納粟輸銅猶得內備郎員外竊道府師先人之故智以躋顯要至若狷潔自愛恪守官箴者則半以無黃白之媒介失權貴之卵翼皓首沈淪十年不遷更有身府衆怨廓淸奸弊者則僉壬側目蜚語中傷往往抑塞窮途以挫以去以死身後蕭條子孫窮困相提並論苦樂懸殊中才且變其本心豪傑則潔身遠遁非志慮忠純之士孰肯避樂就苦爲國忘家以報

陛下也昔人論治謂舉直錯諸枉能使枉者直近不啻舉枉錯
諸直能使直者枉風俗敗壞人心陷溺若不上師
列聖之成規懲貪獎廉移風易俗欲以惠民適以擾民欲以興
利適以益害天下事尚可爲乎應請
明降諭旨申明典章頒示中外所有貪官墨吏責成部院堂官
各省督撫認眞嚴辦毋稍寬容凡貪贓不法人員查審得實務
就贓款數目詳細奏聞按律科罪不得以數字考語朦朧參奏
使其人既逃法網且因參無實據藉口寃抑日後可圖開復倘
該堂官及督撫等仍前瞻徇玩忽典常縱屬作奸形同蠹瀆別
經覺察卽治該長官以隱徇朦蔽之罪幷令言路諸臣隨時採

訪據實糾參京外查辦大臣務須一秉大公按律究辦其有稍涉徇庇別經發覺查辦大臣與本犯同罪其辦理新政與承辦要工人員有侵吞冒蝕之弊一經發覺查有實據除照例追贓外並按數目照監守自盜律嚴行治罪一面責成各省監理財政官認眞稽核倘各督撫及地方官有浮報濫支等情隨時詳稟度支部參辦倘隱徇不發別經敗露即照隱匿扶同例將該監理官予以嚴處如此法紀嚴明貪風或可少息雖然此其大略也若夫紹

列祖

列宗之明執法不阿揚淸激濁使上自貴戚下至羣僚皆凛凛

畏法無敢作奸犯科又在
陛下整綱飭紀正本清源諸葛亮云宮中府中俱爲一體陟罰
臧否不宜異同朱熹云邪正之驗著於外者莫先於家人而次
及於左右然後有以達於朝廷而及於天下焉臣願
陛下留心加察近十年來風俗人心之至於此者誰生厲階至
今爲梗轉移風化何待彷徨
一人勵精萬方歸極此尤我
國家億萬世無疆之福也臣無任屏營跂望之至伏乞
皇上聖鑒訓示謹
奏宣統二年六月二十五日奉

旨留中次日
明降諭旨申明之

陳明管見疏

奏爲陳明管見請
旨併案會議以定政策而救時局恭摺仰祈
聖鑒事臣於宣統元年五月十九日奏請確定行政經費奉
旨留中欽此宣統二年四月十九日臣復請交議奉
旨著在京各衙門各省將軍督撫將九年籌備單內所開各條某年某事需款若干從何籌定分年列表詳議具奏欽此至今諸臣覆奏大抵經費多絀未能籌定臣所以兩次上奏瀆請者意在分別緩急輕重次第施行蓋以光緒三十四年八月初一日諸臣所奏預備立憲清單多將行政之事加入立憲之內深

恐界限不明則國事多誤經費難定則實效莫收金錢等於浪擲駒光幾乎虛度夫清單既爲立憲而開自當注重立憲其常年行政各事當歸入行政預算案內度力量財屆時酌定不宜混入清單使緩急輕重紛然無序朝野上下空文往還天下事尙可爲乎夫立憲與專制之分別其界限本極簡明可數言而決

一立憲國有國會以爲監督專制國無之

二立憲國以政府擔責任專制國則否

三立憲國司法與行政分立專制國不然

今我國不欲立憲則已

先朝既許人民以立憲矣亦於此三者妥籌辦理可也臣所謂分別緩急輕重次第施行者此也若夫行政事宜臨時萬變本末可以一時而預定九年以後之變相監督機關完備官吏責任攸專上下維持自能漸躋完善倘監督無力責任無歸雖預定如何行政而紙上空談終無實效不肖官吏甚且剝民以自肥臣所謂從虛文觀之則百廢具舉就實事核之則百舉具廢者此也臣愚以爲欲舉行實政必修改淸單欲改淸單略有三要

一確立監督機關　資政院及諮議局業經先後設立議員三年爲一任此任既滿則議院各法必能諳練精熟至宣統五年

應再行資政院選舉時擬請改爲國會選舉確立監督行政之地位庶免耗財費時

二組織責任政府　孟子云得道者多助失道者寡助多助之至天下順之寡助之至親戚畔之今日國事艱難倘以我最尊愛之

君主受吾民最激烈之責備一事偶差衆怨叢集天下事機之危險者孰有甚於此者乎惟以政府任其責行政無差則任用永久行政有失則改易政府我最尊愛之

君主常立於多助之地雖屢易政府庸何傷乎　臣於光緒三十二年七八月間曾連疏論內閣總理流弊惟當時資政院未成

立政府無對待之機關不能不防其專擅今資政院既成立國
會如再酌定召集則監督機關漸能確立組織政府代受責備
此不可緩之事也
三確定司法權限　司法分立爲立憲要務今已逐漸施行矣
惟經費不充恐多推諉擬請
飭諸臣會議凡關司法分立實權者堅意執行毋使與行政混
合至於形式之事如監獄法庭之建築不妨暫從簡略以期節
省經費易於實行以上三端皆於立憲極有關係擬請
旨飭交會議政務處歸併京外諸臣覆奏摺內詳議辦法請
旨施行其一切教育巡警自治等事應歸入每年行政預算案

內由各行政長官詳定章程交資政院核議隨時量力酌定以期實效可收蓋立憲之要端祇此數事而行政之進步本無止境從九年之前預算九年以後之政治刻舟以求按圖而索匪特財力未可以預定卽事機亦過於膠滯惟握要以圖使立憲切實可行衆目易周衆擎易舉互相敦促政治自有完備之一日如是則有十利監督既定憲政可以實行利一責備有歸
皇室永保乂安利二事體不繁經費可以足用利三詢謀僉同立法不致無效利四糾察嚴密財政不致虛糜利五上下交通聲氣不致隔塞利六責成既專官吏不致敷衍利七國是既定時日不致虛費利八內察國勢外審敵情酌定政策以救時艱

則行政靈敏利九民心者國之根本因民所欲而行之則人心固結利十反是恐緩急輕重次第不明朝野上下空言塞責宋人議論未定敵兵將渡河而南成敗利鈍間不容髮臣以茲事關係重大具摺再三瀆陳惟
聖明鑒臣愚悰
飭交併案核議採擇施行天下幸甚伏乞
皇上聖鑒訓示謹
奏宣統二年八月十七日奉
旨留中欽此

爲資政院起草請速開國會疏 與汪榮寶合撰 宣統二年麟被選爲資政院陳請股股員長提出各省人民代表請速開國會說帖交院會議議決作爲具奏案議長委託炳麟及陳寶琛許鼎霖汪榮寶孟昭常雷奮起草麟擬具初稿汪榮寶修正之九月二十六日具奏先是炳麟請預算籌備清單行政經費各督撫多謂同時並舉經費不敷皆趨重組織內閣速開國會紛紛電奏十月初三日 明詔定於宣統五年開國會 朝廷博採羣言勤求民隱實爲中外臣民所欽仰但時局日艱不知他日如何結果撰此稿時不覺百感之交集也宣統二年九月二十二日誌於宜南寄廬

奏爲具奏請
旨事前據順直各省諮議局及各省人民代表孫洪伊等又僑寓日本橫濱神戶大阪長崎四埠中華會館代表湯覺頓等各以陳請速開國會說帖赴臣院呈遞當由臣溥倫臣沈家本交陳請股審查陳請股於九月十六十九等日開股員會審查兩

次均經該股全體議員表决認爲合例可採查資政院章第二十七條資政院於人民陳請事件若該管股員多數認爲合例可採者得將該件提議作爲議案等因隨於九月二十日開全院會議全體議員合詞贊成認爲應行具奏之件表决之後羣呼

大清國萬歲

皇帝陛下萬歲

大淸國立憲政體萬歲衆情踴躍歡動如雷合王公士庶於一堂而表其一致此中國數千年來所未見也查順直各省諮議局說帖稱立憲政體根原於三權分立若無國會則無立法機

關卽無所謂立憲籌備憲政未完全由於立憲政體未確定欲確定立憲政體非速開國會不可又稱資政院性質與議院不同以法制言議院爲獨立機關而資政院不然以責任言議院議決案對之負責任者爲內閣而資政院不然資政院以不能獨立之故而喪失其議決之效力於此而負其責任者惟吾

皇上一人按之立憲精神尤無一當故諮議局等以爲資政院與議院居於反對之極端非基礎之預備欲預備立憲基礎非速開國會不可此順直各省諮議局說帖之要義也查各省代表孫洪伊等說帖稱求治莫要於審緩急先後而緩急先後不能徒徵諸理論當以事實爲衡今中國非實施憲政決不足以

拯危亡盡人而知之矣然憲政若何而始能實施此最不可不審比者籌備憲政之有名無實天下共見中外臣僚塗飾敷衍揑報成績苟以塞責者固所在多有而一二忠勤憂國之大吏亦嘗知虛名之不可以久假欺罔之不可以公行力陳現在籌備之失當成績之難期如督臣李經義陳夔龍撫臣陳昭常孫寶琦藩臣王乃徵等皆先後有所獻替雖所籌補救之策各有不同至其言現在籌備之不能舉實則一也蓋立憲之眞精神首在有統一之行政機關凡百設施悉負責任而無或諉過於君上所謂責任內閣者是也責任內閣何以名以其對於國會負責任而名之也是故有責任內閣謂之憲政無責任內閣謂

之非憲政有國會則有責任內閣無國會則無責任內閣責任內閣者憲政之本也國會者又其本之本也本之不立末將安麗兩年以來所籌備一無成績而憲政二字幾於爲世詬病者皆坐是也是故他事皆可後而惟國會宜最先他事皆可緩而惟國會宜最急

諭旨謂緩急先後之間爲治亂安危所繫者豈不以此耶此各省代表孫洪伊等說帖之要義也查僑寓日本橫濱等處代表湯覺頓等說帖稱日本因開國會財政始能發達內亂始能消滅外交始能平等朝鮮以不開國會監督機關不立百事皆有名無實庶政廢弛民生彫悴以至於亡今我國欲統一財政消

弭內亂維持外交鑒於日本之所以興朝鮮之所以亡皆非有
國會不可此僑寓日本商民湯覺頓等說帖之要義也 臣院竊
維世界政體漸趨一軌立憲者昌不立憲者亡歷史陳迹昭然
可睹而立憲政體之要義實以建設國會爲第一國會之作用
在協贊立法監察財政與政府法院鼎力並峙而爲國家統治
機關之一不可不備者也今
朝廷實行立憲不啻三令五申籌備不可謂不密督責不可謂
不嚴而未嘗有成效之可言者則以財政之未精確法制之未
統一而實國會之不早建設有以致之也今各省諮議局及各
代表等以 臣院爲

朝廷取決公論預立上下議院基礎之地爰於開會之始持書陳請哀痛迫切遠近一致於國會不可緩設之故均已抉發靡遺無庸贅述惟 臣等區區之愚尚有欲陳於
君父之前者則以近世東西各國除一二小國外其國會之制殆無不以兩院集合而成兩院制之善在議事之際必經兩次表決兩次通過甲院以爲可者乙院或從而否之乙院以爲是者甲院或從而非之必兩無異議而後致諸政府上奏施行其善一也兩院協商一再駁復而政府不預則彼此各有居間調和之用而政府與國會無直接衝突之嫌其善二也有此二善則與其維持現狀得偏遺全不如採取各國通法逕設兩院之

爲愈也臣等內審國情外考成法竊以爲建設國會爲立憲政體應有之義務既不可中止何必斷斷於三五年遲早之間人心難得而易失時會一往而不還及今圖之猶可激發輿情乂安大局
朝廷亦何憚而不爲用敢合辭贊可披瀝上
聞伏乞
皇上毅然獨斷明降
諭旨提前設立上下議院以維危局而安羣情不勝激切待命之至除將陳請說帖三件彙總封固恭呈
御覽外理合遵照臣院議事細則第一百六條恭摺具奏請

旨裁奪伏乞
皇上聖鑒訓示謹
奏尋交國務大臣會議定於宣統五年開國會

請修武備疏

奏爲時局危迫請急修武備而固邦基恭摺仰祈
聖鑒事臣於光緒三十三年三月初二日請精造軍械講求馬
政奉
先朝諭旨交陸軍部辦理迄今四年陸軍部毫無舉動全國鎗
礮不能敷一日之用環顧四鄰狡焉思逞其雄心者所在皆是
英日法俄協以謀我土地割削主權喪失聽人擇肥而噬莫可
伊何幸而無人肯爲戎首耳倘有一國發難以一萬兵直搗我
畿輔諸軍不戰自潰欲如波蘭作數月之血戰恐不可得何也
有兵無械與無兵同也及今不圖後悔何及擬請

朝廷速奮英斷
密諭軍諮處會同會議政務處節省各項新政暨陸軍海軍經費專注重於購械造械兩端責成度支部籌的款二三千萬兩由軍諮處選派妥員至泰西購買新式鎗礮以資現時準備一面擇離海較遠易於防守而又交通便捷饒有煤鐵之地如河南湖南等省設立工廠自行製造或招集中國精通製造人員專司其事或擇比奧等國與我無交涉者訂立妥善合同暫行包辦總期工廠成立鎗礮統一匠材充斥平時可以銷萌戰時可以敷用然後能言兵然後能言內政外交此不易之理也或謂我國勢極危弱豈可言戰備不知器械精良預備不虞他人

自戢其窺伺之漸可不戰而屈人之兵否則縱使舉國皆兵斷難以血肉之軀與他族利器相搏此必敗之道也或謂我國內政外交果能完善卽無鎗礮亦可永保和平不知近年以來法政愈繁亂機愈速竭全國之財爲無益之事表册山積而事實未有絲毫議論風發而上下徒爭意見人爲刀俎我爲魚肉俯首帖耳任他族之逼處尙何內政外交之足言此必亡之道也凡爲此兩言以延宕者皆心懷叵測將自便其私謀大不利於
朝廷者也當斷不斷反受其亂應請
聖明主持將購械造械兩端密降切實之
諭旨飭令軍諮處及會議政務處詳議辦法從速覆奏施行毋

稍遷延致誤軍國天下幸甚臣以茲事關係重大具摺密陳伏
乞
皇上聖鑒謹
奏宣統三年三月十二日奉
旨交軍諮處度支部陸軍部知道欽此

辭督辦廣西鐵路疏

奏爲請

旨事臣於本月初十日接到都察院行知欽奉

交旨張鳴岐等電奏請調御史趙炳麟回籍督辦桂全鐵路並

協商實業辦法免扣資俸等語著照所請該衙門知道欽此惟

查

定制臺諫人員爲

朝廷耳目之官祇能奏請

欽派不准奏調有

列祖

列宗聖訓具在臣不敢違也此次以桂全三百餘里之鐵路調
臣回籍責臣以桑梓義務臣何敢多言但臣自光緒三十一年
傳到御史固明明臺官也自宣統元年奉
欽派進呈講義又明明講官也言官講官能專摺奏事之人也
有拾遺補闕之責也臣此次出京如遇有關係國家治亂安危
之事以及民生困苦官吏貪橫未知能否遵照臺規專摺
上奏如能專摺奏事則於臺諫體制不背臣當暫赴粵西一行
俟籌商路事定議仍回臺供職如不能專摺奏事應請
旨收回
成命俾臣得留言路以効犬馬微忠斷不使

祖
宗三百年來之成規自臣而破壞其如何辦理之處應請
明降諭旨俾臣得所遵循不勝悚惶待
命之至伏乞
皇上聖鑒訓示謹
奏宣統三年三月十二日奉
旨留中欽此

請留臺効忠片
再查順治時臺臣魏象樞因升任離臺象樞引汲黯請爲中郞
補過拾遺之例自請留御史臺
世祖嘉之立允其請臣於御史俸滿奉
旨記名繁缺知府又於京察保列一等奉
旨記名道府臣自分迂拙難勝道府之任擬援魏象樞之例請
旨撤銷京察截取兩次
記名俾臣長留臺諫以竭愚悃而効微忠今年責任內閣不能
不成立主少國疑敵驕盜熾視我
世祖時艱難萬倍聞暫行官制都察院尙有彈劾國務大臣之

責
朝廷若不多寄耳目以備監察之用他日專權跋扈植黨營私流弊有不可勝言者臣自問才力薄弱他項政事多不適用惟愚衷耿耿不顧利害彈劾權貴通達輿情尚可勉力爲之臣無
道府牽掣尤當振刷精神爲
陛下整綱飭紀視一官一邑報効當稍多也惟冀
監國攝政王鑒此孤悰
俯允所請無任感激之至是否可行伏乞
聖鑒訓示謹
奏宣統三年三月十二日奉

旨留中欽此同日奉
上諭御史趙炳麟著開缺以四品京堂候補欽此至四月二十
一日又特奉
上諭嗣後裁缺候補人員均不准具摺奏事欽此蓋軍機大臣
徐世昌說奕劻行之者也

諫院奏事錄正誤表

冊別	頁數	行數	字數	誤	正
卷四	第三	十九	愼字下	毋	毌
卷五	第一	第九	必字上	未	末
	第六	十四	而字上	亂	伐
		十九	今字下	辛	幸
	第八	十一	諭字上	傳	傳
	十四	第十	議字下	閒	間
卷六	第五	第九	氣字下	俟	候
	十一	第一	小註令字下	其	共
		第七	維字下	繁	繫

讀陔考事錄 正誤表

十七	十一	整字下	飾	飭
二十	第九	言字下	宮	官
二十四	十八	收字下	已	己
三十二	十三	論字下	戌	戍
三十六	十一	光字下	閒	間、
四十四	十五	使字上	閒	間

柏巖文存

趙柏巖集
湘潭趙啟霖署檢
國立廣西大學圖書館

柏巖文存

柏巖文存卷一 策論 序跋　全州趙炳麟竺垣稿

光緒乙未科　殿試策

奉
天承運
皇帝制曰朕寅紹丕基俯臨寰宇仰荷
昊穹垂佑
列聖詒謀夙夜孜孜於今二十一年矣惟是時事多艱人才孔
亟期與海內賢能力矢自強單心圖治上無負
慈闈之訓迪下克措四海於又安若涉淵冰實深祇懼茲當臨
軒策問用集多士冀獲嘉謨兵所以威天下亦所以安天下然

非勤加訓練則無以制勝漢法曰都肄唐法曰講武宋法曰大閱果不失蒐苗獮狩遺意與孫子練士吳子治軍李靖之問對所詳手法足法明王驥戚繼光所論練兵之法其目有五有六能備舉之與至於究極精微諳求韜略若淮南子兵略訓杜牧戰論蘇軾訓兵旅策見諸施行果能確有成效否　國用必有會計禹巡狩會諸侯之計其說何徵周禮少宰歲終會羣吏致事鄭注若今上計司會逆羣吏之治以其會計有引伸鄭注受而鉤考可知得失多少見於何書漢初專命一人領郡國上計膺選何人武帝遣使詣京師上計簿郡方岳試悉數之光武遣吏上計但言屬郡不言遠方唐初猶上計廢於何時宋時天下

財賦皆上三司後選吏專磨文帳議始何人會計錄前後凡幾明代會計何人編錄自洪武以來通爲一書者何人能詳述與

自古求治之主每以躬行節儉爲天下先然覈其心迹誠僞不同堯之土階舜之土簋禹之惡衣文之卑服尚已漢文帝衣綈履革蒲席韋帶屏彫文之飾成富庶之業享世久長治猶近古後世人君焚翟裘毀筒布卻珠黃甚至一冠三載一衣屢澣非不愼儉德而究不能廣聲教於寰區希治功於隆古豈徒儉不足爲政與抑豈務其名而不求其實與夫國奢則示之儉國儉則示之禮今欲崇本抑末易俗移風士庶無踰制之嫌閭閻有藏富之實果何道以致之民生以農事爲本農事以水利爲

先周命遂人齊立水官秦治涇水漢穿渭渠經畫詳至史册可徵自後或修芍陂茹陂或開利民溫潤或決三輔或引滹沱其經時久暫因革異宜試爲條例虞集請興北方農田自遼海以迄靑齊因何不行托克托言京畿近水地利可設農師佃種其法若何徐有貞所陳潞河等處水利左光斗請復天津屯田申用懋請復灤河諸水言皆切要能詳擧之與凡此皆宰世之宏綱濟時之實政也朕以藐躬膺
祖宗付託之重宵旰憂勤惟思仰慰
慈懷撫綏兆姓天人合應景運常新爾多士來自田間夙懷忠讜其各直言無隱朕將親覽焉

臣對 臣聞正璣衡以闚天者善觀象者也執經緯以畫地者善定方者也釐綱紀以臨民者善爲政者也中國自五帝三王以來綱紀備矣其人存其政舉以致治理無難也
皇帝陛下冲齡踐阼勤政愛民乃琉球被侵安南不守朝鮮予敵海要畀人蒼蒼者天殆欲以艱難激之奮發與
聖懷淵挹舉練兵理財崇儉務農諸大政進 臣等而策之 臣極陋至愚何知政典然少誦聖賢之言夙懷忠義之志當對揚伊始敢不披瀝肝膽致自負所學歟伏讀
制策有曰兵以威天下亦以安天下因求歷代訓練之法 臣愚以爲師克在精不在多兵強在將不在卒北宋中葉兵百二十

五萬而強南渡後兵百六十萬而弱明初養兵百三十萬而興末年加練兵十八萬而衰當我滿珠之時將不過諸貝勒兵不過諸部落而服蒙古取高麗都遼瀋陷明三衞如擣虛境此兵精之驗也

高宗時用訥親張廣泗而逆張及傅恆爲經略而軍大振此得將之效也今綠營廢弛無論矣海淮等軍皆有十營之名不過六七營之實尅其軍餉飽其私囊迨有事邊疆遍招罷弱充數朝納營中夕置壘上猶童子朝學執筆夕即欲書法精妙臣知其斷不能也臣考泰西兵制水師以英美爲善陸師以德法爲強大都用寓兵於農之法故人盡知兵頃刻而軍衆可集中國

團練頗合古法咸豐時實平大難倘擇人興辦使民力日強民心日靖又選要隘之處專練新軍以輔民團之窮即以制民團之亂其練軍貴將帥得人寬嚴得法與民團同心合力俾二十餘省如指臂相應兵法曰擊首尾動擊尾首動是也中國人心固民氣堅

皇上留心訓練之天下幸甚

制策又求歷代會計之法此理財要典也財患源不開尤患流不節康乾之時入款少而國富咸同以後入款多而國貧者何哉臣以為漏卮難塞耳中飽難除耳冗費難省耳五洲互市以來利權多為外人所奪土貨日滯洋貨日通西人買土貨還國

製造精緻復鬻於華壟斷居奇本一息萬載金銀而去持貨物而來竭我泉刀空我府庫皆彼商務爲之 臣所謂漏卮難塞此也度支入款地丁釐稅爲大宗用非其人損民膏而虧國帑地丁則有平餘也羨餘也釐稅則有私侵也私抽也得一缺而先稽祿數委一差而首問漏規自便私圖罔知大義 臣所謂中飽難除此也度支出款練兵爲巨冒糧蝕餉弊難縷陳近日馬關定約二百兆已竭我脂膏重以焚一教堂賠款數百萬殺一教民賠款數十萬夷求諸

君

君求諸民民不堪其求良者轉於溝壑頑者流爲盜賊 臣所謂

宂費難省此也凡此皆爲會計之累
皇上留心整頓之天下幸甚
制策又以崇儉下問夫自外言之曰儉自內言之曰敬故孔子言節用以敬信爲先其答君子之問由修己以敬推之安人安百姓仲雍言居敬行簡孔子然之蓋敬以作體而後懲欲節汰侈除盡心於治國安民之事儉而非陋堯之土階儉也孔子稱堯又云巍巍有成功煥乎有文章舜之土簋儉也孔子稱舜又云德爲聖人尊爲天子富有四海宗廟享而子孫保禹之惡衣儉也孔子稱禹又云美黻冕盡力溝洫文之卑服儉也孔子稱周又云監於二代郁郁乎文由此觀之帝王儉德非僅潔己而

已我
太祖謂卜揚古曰朕躬行節儉微物必惜 臣考拓世貽統又在
敬以承天伏讀天命六年
諭云人主徒飾虛文罔修實政非善體天心也國家無事宜登
賢良求治進敷善政愛人民修德行仁方可創業垂統若溺晏
安習卑細何以承天命而裕後昆耶煌煌
聖謨得治之本及康熙雍正乾隆間征準部討厄夷定回疆伐
緬甸戡廓部收臺灣平三藩綏兩藏兵費以億兆計尙普免錢
漕數舉大典國用裕如者亦儉以致之爾時萬幾務實
朝廷儉也仕途濤正百官儉也將卒精良六軍儉也實學章明

羣士儉也人心樸厚萬民儉也此皆居敬行儉三代同風
皇上留心紹法之天下幸甚
制策又以農務爲詢　臣考順治元年御史衞周祚請清丈編審
總河楊方興請清丈田畝始定開墾荒地例雍正時以甘肅察
罕托輝地平衍可墾
遣大臣濬治河渠得地二百頃又以怡親王總理畿輔水利營
田墾成六千餘頃嘉慶七年將軍松筠在新疆濬通惠阿奇烏
蘇兩渠引不里山泉灌田數萬此勸農治水明效然北方水利
雍正時舉而復廢道光時作而旋輟塞外屯田自乾隆時阿桂
辦理今數百年荒地尚多何哉非地脈不順實人心無恆　臣觀

自遼海及青齊在禹貢皆屬上中之田揚州厥田下下物產尙無不宜其爲饒地可知此地氣足恃也中國極東至三姓所屬海中大洲偏東三十一度二十分極西至喀什噶爾葱嶺西偏西四十七度極北至唐魯烏梁海託羅斯嶺北極高五十六度四十分極南至廣東崖州北極高十八度二十四分東西相距七十八度南北相距三十八度內外寒暑合度種植咸宜此天氣可恃也乃墾無近效棄而弗墾甚至舉已墾者亦棄之不可惜乎 臣以爲籌北方宜治水水治則田闢漕運可不勞實邊境宜屯田田墾則糧足士卒有恆產

皇上留心教勸之天下幸甚 臣尤有請者用人爲行政之本願

陛下撰拔人材表章實學舉措當賞罰明以堯舜爲必可能以治平爲必可致董子云正一心以正朝廷程子云爲政在於立志朱子云修內治方可攘外人

皇上勵精圖治轉危爲安則我

國家億萬年有道之長基此矣 臣末學新進罔識忌諱干冒

宸嚴不勝戰慄隕越之至 臣謹對

炳麟書法素劣乙未 殿試錯五字讀卷者粘黃籤五條

德宗以對策言時事擢置二甲第十一名得入翰林是年中日甫講和

德宗憤甲午之變欲於臨軒求人才故留心搜羅是科狀元駱

成驪榜眼喻長霖皆以對策擢鼎甲康祖詒（後改名有爲）與麟以對策擢二甲

德宗賓天纂修

實錄內閣淸查大庫出歷科　殿試卷積而焚之麟卷爲四川范中書攜出交麟師宋先生育仁宋師交麟襲存當風簷寸晷之間文字不免空疏列在集中以誌一時知遇云爾趙炳麟謹誌

鄉原

天下惡乎治百官庶司事事而認眞則幾敘而民安不與治期而治至矣天下惡乎亂百官庶司事事而作僞則幾脞而民困不與亂期而亂至矣夫世之極庸至愚顯然廢其職而棄其民人主察之也易去之也決敗壞天下事者固斷非是人也卽大奸大惡敢於悖君親而殘士庶不過禍在一時得強有力者制其勢而誅其身禍斯止矣敗壞天下事者亦非是人也惟夫託任事之名而無成事之實其事上也則有忠敬之形其治下也則有廉愛之迹於是見信於君而無怨於民在當時固有以純臣目之好官稱之者然而明知利之所在而不能與明知弊之

所在而不能革明知君位之危民情之迫而雍容揄揚若無所事泚泚洪洪敷衍具文使萬幾皆頹隳於冥昧之中而無顯然可摘之咎因循痿痺終於仆滅嗚乎敗壞天下事而亡人國者吾知其斷在是人矣吾知其斷在是人矣故孔子曰過我門而不入我室我不憾焉者其惟鄉原乎鄉原德之賊也又曰惡鄉原恐其亂德也考鄉原之所以爲鄉原則居之似忠信行之似廉潔衆皆悅之自以爲是而已夫忠信廉潔美德也不得其眞得其似者斯亦可矣顧聖人必惡之絕之不留餘地者何也曰非之無擧也刺之無刺也同流合汚闇然媚世而不可與入堯舜之道也夫孔子之論人常從寬厚故曰人之過也各於其黨

觀過斯知仁矣人之明明有過尙委曲以原獨於鄉原惡之絕之如此其甚者何也蓋昭昭然過著於外人得而責之罪之已得而知之改之其過也人皆見焉其改也人皆仰焉彼鄉原者凡事不求其眞而好爲其似無昭昭外著之過釀冥冥內伏之禍人不得責之罪之已不得知之改之及禍之發也如木之根柢枯如人之精神竭有仆滅而已矣是以聖人惡之絕之不留餘地也嗚乎歷古以來極庸至愚大奸大惡皆不足以敗壞天下而亡人之國惟鄉原一出斯天下事不可爲矣故治國者必自屛鄉原始

柏巖文存卷一 序跋

全州趙炳麟竺垣稿

讀范文正公集序 丙申

炳麟十歲時閱廣西通志載 先祖樂耕公慕范文正之爲人置義田設義倉立義學荒歲保全者數千萬人洮陽文教由此彌昌炳麟始知文正可法然未知文正所學何學也稍長而讀宋史並宋學案乃知文正之立志也以天下爲任其立基也以忠孝爲根當受學戚正素時卽戒虛文而重實踐迨其奉疆場之任讚帷幄之謀無非氣液中和心宅仁義祜貞良而輔信好正眞而不回故內抑巨奸外平大難利濟之澤博愛之心遠逮垓埏近周鄕黨莫不各得其所橫被亡窮矣文正講友同調若

贛叟若廬陵若安定泰山濂溪皆以正心修身爲體以治國平天下爲用逈非空談性理泛語事功者可比惟是安定泰山濂溪三君體立而用未竟或傳之後學或攟自門人始遂治平之志文正贛叟廬陵三君自身心以至天下所施裕如此先賢之勢位不同而學則一也全謝山慶歷五先生書院記謂高平學派近日湯文正接其光薪火之傳世遠勿替　先祖樂耕公以一布衣有文正之志無文正之遇僅將文正義舉行之里閭未克如潛菴先生之中外歷敭後先並美此又法先賢者之勢位不同而學亦一也炳麟官京師得范文正全集凡經義詩文以及內外之奏疏往來之書牘義莊之規矩行政之本末靡不粲

然具在炳麟讀其書慕其爲人謹叙其端以誌私淑之意云

養眞齋功課序 丙申

父母生我二十有四年矣誦先聖之遺訓覽百家之要言十三入邑庠十五領鄉薦十九擢翰林朋友鄉黨爲余佌佌以幸翬以憙余則㦗然思懼然恐疑芰綷之瓦棄非太夯之玉成夫炳燿後人者必發其文而全其質頤養崇齒者必保其性以約其情靜懆當躬自度所學精未養也氣未養也神未養也身無所恃不朽也德未立也功未立也言未立也名無所恃不朽也少則誦其言而不思其義長則玩其旨而未見諸行服儒服冠儒冠考漢宋之源流爲孔孟之弟子其道茫乎其學倨乎再不勤慆稍事翫䑋心卽於愚身卽於弱既鮮經濟又乏文章形則

龎龎動則侊侊飮則愔愔食則敎敎莘莘衆生靡靡百歲混鳴條以律暢埒野卉之丰容欲有貞幹之操無彫鏤之患得乎因是涽噫於懷淬厲於志立功課數則義取躬行傅子云心正於內動靜不妄天下履正咸保其性吾其勉乎

一立志以忠孝爲必可能以聖賢爲必可至毋憚其艱難毋誘於功利立則見其參於前也在輿則見其倚於衡也

一養心內顧凝神收視返聽見心田血潑潑然涵泳四周如初日出海中如明珠沉水底有無限生機也

一養氣瞑目數息見丹田氣靄靄然浮沉上下如衆水之歸壑如浮雲之卷空

一練心搆危境設難事如立萬丈高崕如臨萬軍勁敵時作一挽回天心打出地獄的思想必不肯一死塞責偷生苟安也

一練氣持之以義發之以禮毋靡然徇流俗必浩然充兩間

一修身非禮勿視非禮勿聽非禮勿言非禮勿動

一養身飯後必散步汗後勿受風夜睡毋多思早醒即速起寡嗜慾而節飲食會朋友以暢心機

一持家體之以仁正之以義使畏我而又慕我親我而不褻我

一待友輕財利慎言語交淺者待之以和交深者待之以直

一讀書讀經濟書須求其遠大者而浮誕不可行者毋取焉讀性理書須求其精切者而虛渺乏實用者毋取焉

光緒二十四年戊戌三月十四日立

讀王文成集序 丙申

學者言聖賢之言尤貴行聖賢之行聖賢之行何在明德親民止至善數言盡之顧聖賢以一二三言而道明學者往往累千萬言而道轉晦於是虛實互見飛辨騁辭門戶之見起矣炳麟則以其行有合其言雖殊無愧聖賢一也炳麟嘗讀王文成集客有見而議者曰是陸子之徒而朱子之敵與炳麟曰朱陸互相發明未容軒輊文成又誰徒而誰敵耶客曰文成標良知爲宗旨嘗云無善無惡心之體有善有惡意之動知善知惡是良知爲善去惡是格物此言出於象山易簡覺悟之說揆諸朱子所言窮理致知反躬踐實以居敬爲主者不大謬哉且文成宗大

學古本答羅整庵書詆朱爲猛獸洪水何言之過當至是耶炳麟曰是見道不同入道各異朱子入道以沈實文成入道以高明及至於道一也其講學異同繁難縷數卽以說大學者證之王云存天理卽是窮理天理卽是明德窮理卽是明明德此卽朱子復理去欲之意王解親民作親愛之親與朱子異然其言出自舊疏且釋親爲新者程子朱子特依程子之說耳文成深服程子甚於服陸子嘗云孔孟的傳周程得之朱陸而下勿及也可見立言或異文成本無成見王解至善曰祇是此心純乎天理之極便是何嘗背朱子所言盡天理之極無人欲之私者乎至復大學古本而疑朱子改正補輯之過乃各行其是惜兩

賢生非一時不克商榷義蘊以定古本今本之誰是致宗朱者詆王爲異端宗王者譏朱爲俗學其弊支離禪寂日言學而學日晦皆朱王所不取也若以猛獸洪水詆朱子則實文成激於不平言之過當炳麟不敢爲文成諱亦不必爲文成諱但觀文成勍奸瑾平宸濠定粵亂事功節義超絕有明非親民而何復恐德不明至善難止也嘗曰破山中賊易破心中賊難日持其心以求無負聖賢之道此直舉聖學而躬行之豈得因言異朱子遂謂文成有愧聖賢耶況文成答徐成之書云晦翁象山爲學不同皆不失爲聖人之徒何嘗有入主出奴之見哉吾輩知人論世須求其於道有合勿計其立言之殊孔子之門德行言

語尙不同科刱後學耶客笑而退炳麟述其論辨於簡端以質博學深識者云光緒二十二年洮陽趙炳麟叙

炳麟又案文成良知之旨實本陸文安本心之說而與朱子不合處多在大學一書朱謂先格致而後授之以誠意王謂卽格致卽誠意或分或合或虛或實各有所得惟愼獨一關兩賢均極力用功不肯輕忽可見朱入道在心陸入道在心王入道亦在心求之言多不合求之心無不合學者於其不合者各取其是於其合者深觀其通庶乎得之

送心笙伯文粹守江甯序庚子

心笙伯世系自洮陽遷古田洮陽吾族宋清獻公之裔也清獻內持臺諫外領州郡事君也以別白君子小人爲先治民也以簡易爲體惠利爲用韓忠獻謂爲世人標表不可及云歲庚子心伯以知府之建康考唐時稱府惟京郡宋外藩始升府領府事者猶謂之權以翰林學士爲之職至貴也天子之權分寄於臺省臺省之權分寄於郡縣權至重也居至貴之職握至重之權此清獻所爲行事告天無少訾窳耶麟觀今之郡縣尤棘於古古者私家有數載之儲公家有十年之積民有恒產自有恒心今則五洲通商百姓躓窾錢幣絀而民用窘海禁廐而國庫

空時至艱也加以邪會之黨鬪嚚正學之光韞韣弱者震慴異教冤鬱軫而難申強者鼓動鄉愚竊僬儸而鬩釁事至難也處至艱之時辦至難之事又居貴職而握重權事君治民操何術歟嘗讀石介根本策云善爲天下者不視其治亂視民而已天下雖亂民心未離不足憂也天下雖治民心離可憂也求民利病首在擇郡守縣令而已善哉言乎民者國之根本守令者民之父母使郡守縣令仁以體民情義以養民氣禮以叙民倫智以燭民變發號施令信以行之民心又安國本牢固吾淸獻簡易之體惠利之用其以是乎伯與麟同爲淸獻之裔當以淸獻之事君者事吾君淸獻之治民者治吾民稱其職行其權時事

不足計也昔人云富貴者送人以財仁者送人以言麟無富貴之貲妄竊仁者之跡以此言送吾伯尤望伯之轉教鄙人也光緒庚子二月洮陽族姪炳麟序

送劉子和茂才南歸應試序 辛丑

孟子言天降大任先以困苦艱難曾益智慧張子云貧賤憂戚玉汝於成古人之言是也劉君夙抱遠志不遇者三十餘年而劉君優游醰粹嘗訂交衆靑紫間若不介意焉歲辛丑
詔開廣西鄉試劉君自
行在南歸應制考古人四十而仕五十而服官政劉君之年正古人仕與服政之年也後世科名太早人才亦降即以炳麟而論十三入邑庠十五領鄉薦十九擢翰林或可與於少年科第之數歟然庚子之變竄走北平行未五十里足已蹩蹩然疲矣此無他筋力未經歷練故也喻志韶四十而及第科名遲我二

十餘年然庚子之變擔布囊曳敝屣日行百里裕如者亦無他筋力素經歷練故也昔陶士行日運百甓劉先主泣兩髀肉生皆不欲弛其筋力方可任天下大事耳劉君家寒畯耐艱辛筋力練之久矣近年與麟游南北凡山川名勝則書關塞雄險則書民生疾苦則書風俗純厚則書收天下利病盡入篋囊一旦名寫紅箋身拋白紵如泰山之雲一出岫而雨遍天下乃知前此之艱難困苦貧賤憂戚無非曾益智慧玉汝於成之藥餌也區區科第遲早何足計哉何足計哉

七鴻圖題叙 辛丑

光緒辛丑家君宰常甯其幕府七人秀山敖君居敬湘潭盛君德金巴陵方君榮煊湘陰周君淦清武陵陳君時泌善化尹君積誠周君壽鴻共作七鴻圖題詞仟仟光誦滿册大氏謂人生離合如飛鴻翔太空沈浮往來雲集霧散任自然以爲賚無誘慕於世僞也秋風八月麟自

行在馳歸敖君持圖索叙麟觀離合自有定數然當其合也往往聯翩搖蕩和聲濃淡不知離時之長且苦也麟自甲午以後嘗從士大夫遊回憶戊戌暮春與沈子北堂陳子次亮縱酒江亭浩歌擊筑此亦金臺讌會之常耳未幾沈子上書忤權貴幽

囚禁錮陳子橫顧世變憂憤闐膺病煩狂而歿者於今三年矣欲更作江亭之聚待何時乎己亥四月與關子伯衡陸子紹淵鍾子蘭友躍馬西山章皇聊浪此亦書生游覽之常耳未幾紅巾變起都門瓦解昔年嘯侶南北東西欲更作西山之會又何時乎庚子九月與陳子瀾生李子芝臣同出鹵中航海南渡今聞陳子習計學留美洲李子贊邊帥出關外回首同竄荊棘涉波濤至今未滿一載而睽隔已不知其幾萬里矣昔七賢鄰下子桓嘆斯樂難常者其是之謂乎敖盛諸君舉觴促席談笑聯情詠歌自娛風月高臥以視若輩困縲絏者厄兵燹者浮游煙海馳逐邊關者眞如鴻飛冥冥滺躍得天外之趣張茂先所謂

處身獨智者歟然而中原方沸神州未康尤願諸君翔必擇林飛不妄集鼓狋奮翼接響雲漢他日萬里相慕展圖誦詩知諸君必吟鴻爪雪泥之歌俙俙然有動於中也辛丑八月洮陽趙炳麟叙

讀朱子儀禮經傳通解學禮書後 庚子

禮古經有學禮篇見大戴及賈誼新書惜目存而文闕三代上國無異政人無異學自鄉黨以至王朝皆有常典所謂禮儀三百威儀三千是也大史執之以莅事小史讀之以喩衆鄉大夫受之以教萬民保氏掌之以教國子國舍此無以爲政人舍此無以爲學體乎人情順乎物理家塾黨庠術序國學制有廣狹而其成德行道藝則一也古之人六歲知數與方名七歲使男女異席八歲入小學講習少儀養其德性俾知倫常威儀之則十五入大學舉少時所知倫常威儀之事而躬行之故曰見大節焉踐大義焉大司徒首以知仁聖義中和教其德次以孝友

睦婣任恤教其行次以禮樂射御書數教其藝有德行者曰賢有道藝者曰能賢與能皆學成者也學成然後獻之王王策命授之政賢能無非取己所學者加諸民而已此士大夫之學也古之王者大子迺生固舉以禮使士負之有司齊肅端冕見之南郊過闕則下過廟則趨是赤子時卽以忠孝教之矣稍長師氏教以三德三行用成國子之德行保氏教以六藝六儀用成國子之道藝又復齒於四學育於大司樂往來供俸皆擇正人迨學成而後爲政別賢佞明利害決是非家國天下處之各當皆其學正而禮純也記云師也者所以學爲君也三王四代惟其師此國子之學也學無貴賤無上下自綱常之大至名物之

微總宜體諸躬行不僅求之記問故曰大學之道在明明德在親民在止於至善又曰自天子以至於庶人壹是皆以修身爲本古者君臣一德政學同源恃此爾暴秦焚書學禮殽渾家爲異說人有卮言在上者喜刑名法術之談目王道爲迂闊在下者務功利智巧之事詆正學爲空疏學日非政日雜世風所以不古若也朱子憫微言之將絕集儀禮經傳通解創爲學禮一門補禮制之闕遺折羣言之囂亂自鄉學以至國學無不詳其叙次辨其節文近而君臣父子之經遠而天地陰陽之氣尋原探本釋結解疑而於保傅之法尤深切著明斟酌盡善欲正君心以正萬民也眞氏大學衍義即發揮學禮第十一之旨用納

乎聖德烈炳乎後人夫豈垂空文以自見者哉自宋以來學禮多存而未用程子云師學廢而道德不一鄉射亡而禮義不興賢士不本於鄉里而行實不修秀民不養於學校而人才多廢儻有聖君賢相取學禮而見諸施行又損益變通合乎時勢善身以善世正己以正人學政固一以貫之也炳麟讀朱子之書慕朱子之志尤深望有朱子其人者以講明之天下幸甚吾道幸甚

此跋於庚子二月撰以上東海徐師者也時東海授大阿哥溥雋讀欲諷東海敎以忠孝俾阿哥調和

兩宮之間而因求修身治世之實學則宮廷無猜忌而禍亂庶

幾少弭東海素宗程朱故以朱子書諷之

送陳竹銘樹勳唐星航尙光兩編修及蔣伯文繼伊檢事回桂

籌辦諮議局序

光緒三十四年歲在戊申

聖天子特頒明詔設立各省諮議局行選舉法以謀地方興革利病九年預備召集議院薄海臣民歡欣鼓舞吾粵西風氣僿僿籌辦尤非易易張鳳生中丞問炳麟以桂省人才孰可當是任者炳麟薦陳竹銘唐星航兩太史及蔣伯文檢事中丞奏調回籍籌辦選舉各事少宰唐師約同鄉旅京數百人餞之於京門少宰曰茲事體大不可不贈以言因命炳麟握管炳麟竊考政無中外大抵聖哲肇興未有不勤求民隱者所謂東海西海

理同心同吾國古時雖無議院之制度而帝世之四聰四目王朝之詢危詢遷隱寓與民同治之意孟子生當戰國王政不綱羣侯放恣民命岌岌故孟子發明政治無一不從保民入手曰所欲與聚所惡勿施曰樂民之樂憂民之憂曰人君進賢退不肖必察之於國人微言奧義雖西國政治家如盧梭孟德斯鳩伯倫知理諸大儒莫能外其範圍我

朝龍興東土

聖

聖相承勤政愛民涵濡二百餘載雖曰君主專制然深仁厚澤察吏安民以視泰西歷史所紀西國專制之帝王固迥不侔矣

祇以各國自改革政體以後無不上下同心日闢百里而我則
官失其政民失其教內憂外患形勢巉然
神聖見幾與民更始舉數千年古聖先賢所發明之治理未能
施行者將定爲制度一一見諸實事
國家億萬年不拔之基其在此乎諸君回籍籌辦此事責任不
可謂不重矣顧吾粵西兵燹粗平土地荒蕪四民失業衣食且
不足遑論教育是以民間沈迷煙賭不知讀律讀書而官吏亦
以治匪者治民不以教養爲事數十年來凡殺人如麻暗無天
理者多稱能吏以道德法律觀之皆不容於
聖祖

世宗之世者也近日張中丞始欲從事教養謀奠南服而積重難返人才闕乏吾所謂籌辦尤非易易者此也諸君應辟還鄉佐中丞興利除弊良民何以安莠民何以化地力有未盡者何以闢之學校有未立者何以倡之酷吏枉殺荏弱無愬者何以伸理之願諸君持以堅忍處以鎮靜毋以任重地難稍生旁貸之志執守法律百折不回他日吏治秩然民風丕變西南門戶不至洞開

朝廷南顧之憂可以少息此則旅京數百人延頸企踵以望諸君者也諸君勉乎哉戊申八月全州趙炳麟序

送高嘯桐序

余友高嘯桐被于晦若侍郎薦其忠義奮發肝膽照人來京考臺職

御試第一故例序列第一無不記名者余友江杏村與嘯桐同隸福建文章氣節靡不相若杏村試臺職亦列第一嘯桐得第一余置酒約同臺賀以爲臺中又得一良御史未幾嘯桐竟不記名韓子云吾烏知其今不異於古所云吾於嘯桐之不記名卜之也嘯桐南歸士大夫多爲詩贈之宣統元年二月嘯桐裒其贈詩若干首裝潢爲册遺書炳麟問序時則嘯桐病胃疾年有餘矣炳麟亦新患咳嗽痰血醫者云肺鬱所致嘯桐不在臺

而病余在臺而亦病吾與子之善病其必有致病之由矣大學言治國平天下其致力之始則曰定靜諸葛忠武稱王佐才其得力之處則曰甯靜吾與子身在斗室心周天下心之所至而力或格之力之所阻而中心憂之是以先哲靜中之趣吾輩尙未領得今請與嘯桐約從靜處用力使吾身心泰然適於中和之域而天地位萬物育自然在吾性量之內無論進而在朝退而在野或屛斥而在蠻夷戎狄心不動性亦不貶所謂吾身即風俗也炳麟願以此自勉并序以勉嘯桐舒其肝實其膽使此身如百鍊精金不濡不焦他日發揮忠義庶可見大學治平之效嘯桐勉乎哉宣統元年二月十五日洮陽趙炳麟謹序案高嘯桐時爲

總督岑春煊幕僚贊春煊劾奕劻袁世凱以是不記名御史

章价人太守銅官感舊圖跋後

史稱立德立功立言爲三不朽余謂三者之中惟德可自立若夫功與言之立不立則有幸有不幸也沛公之飲鴻門也劍光離合中楚漢存亡之機係焉使不幸而項籍用范生言雖有區區一項伯其能當籍一叱哉漢幸而不用范生言而不亡於鴻門也楚不幸而不用范生言而遂亡於鴻溝也歷古以來事似此者多矣章曼仙同年喜談天下事每與余論及古今存亡之際或拍掌大笑或撫膺太息嘗出其尊翁价人太守銅官感舊圖屬余題是圖也曾文正靖港戰敗將赴水死太守援之出未幾湘潭大捷文正竟不死文正歿太守過銅官而感焉圖以記

之人多以湘潭之捷爲文正幸余謂則大謬不然文正之幸在
幸遇
文宗英明知人之主是以破洪秀全一騃賊猶掃落葉耳使文
正不遇
文宗雖不死於靖港獨不死於有司之譏乎獨不於死左右之
譖乎有一於此勝銅官一勺水萬萬矣文正幸而遇
文宗有司譏之則用塔忠武代之左右譖之則一笑不理而洪
秀全有一李秀成而不能用日務猜忌疊搆內難倘不幸而湘
潭卽敗更不幸而文正卽死以
文宗英明知人若此天下事豈遂不可爲乎是大謬不然之說

也夫文正受知不過數篇文字此數篇文字置之古今集中亦
尋常數行墨耳而
文宗竟以此知文正有司不能讒左右不能譖吾故曰文正之
幸在此不在彼也然而人生在世功與言猶草木之有英華而
德其根株也德之不立雖有知遇亦無建樹文正之在朝也敦
品勵學行誼不茍其臨難也慨然有必死之氣此其所以啓
主知可以建業垂後迥不同乎世俗所謂功名之士也風雨如
晦雞鳴不已吾流連此圖而能毋嚮往耶

馭內侍論

光緒壬寅七月進呈　御覽是時　詔翰林院編修檢討等彙呈劄記炳麟上此篇及防亂論

縱觀歷史爲人君者往往樂與寺宦宮妾處而苦與賢士大夫見嗚呼此何故哉蓋賢士大夫者拘守禮法動引經典非堯舜之道不陳王前非德藝之言不瀆君聽人君始則憚之繼則遠之此恆情也而寺宦宮妾者善伺人主喜好悃悃款款殷勤以供其逸欲人君始則樂之繼則任之此亦恆情也然而親賢士大夫則能令德純而才美天下躋於治親寺宦宮妾則能令德昏而才窳天下躋於亂是以古人於此必慎必戒也古者宮正宮伯虎賁綴衣皆用士人俾王服食起居在在與士人晉接一

切奄寺嬪婦之屬悉隷於冢宰蓋有以制宮府而成君德者矣漢初光祿勳掌三署郎衛胡廣曰勳猶閽也易曰爲閽寺官寺主殿宮門戶之職選經明行修者充之自議郎外皆主更直持戟宿衛諸殿門出充車騎光祿勳考其德行而進退之猶存周官遺法至東漢時光祿勳權輕中常侍以下曰小黃門曰黃門令曰黃門署長曰畫室署長曰玉堂署長曰中黃門曰掖庭令曰永巷令曰御府令不用士人專備宦者雖以尚書令僕射參制宮府而不止禁中臣工章奏典中書者得私發潛窺近倖俯張士夫荼毒又何怪乎魏黃初間置散騎常侍合之於中司掌規諫不典事貂璫揷右騎而散從至晉不改及元康中惠帝始以宦者董猛爲中常侍後遂止常

爲顯職又置舍人通事如戴法興沈客卿等雖以委瑣匹夫弄竊大柄而宦者勢猶未熾唐置內侍省設內侍內常侍內謁者內給事典引謁者寺伯寺人等職其屬局五曰掖庭宮闈奚官內僕內府有令有丞皆宦者爲之（武德四年改長秋監曰內侍監內奉承曰內常侍內承直曰內給事龍朔二年改監爲省武后垂拱元年曰司宮臺天寶十三年置內侍監改內侍曰少監尋置內侍有高品一千六百七十六人品官白身二千九百三十二人令史八人書令史十六人）太宗詔內侍省不立三品官內侍爲之長守衛閤闈灑掃殿廷役使稟食不預政事武后時稍稍增加中宗時黃衣者二千員七品以上員外置千員迄開元天寶間窮奢極欲漫無限制宮嬪逾四萬宦官黃衣以上三千員衣朱紫者千餘稱意者拜三品將軍列戟於門持節於外所至郡縣奔走獻遺至萬計修功

德市禽鳥一爲之使輙數千緡監軍弄權轄制節度肥田大廈賻滿京畿肅代昏庸倚爲扞衛李輔國以尙父顯程元振以援立起魚朝恩以軍容重然猶未常典兵也德宗懲艾泚賊以左右神策天威等軍委宦者主之置護軍中尉中護軍分提禁兵政枋下移威福自作收力士爲己黨引藩鎭爲奧援侮弄朝廷驅逐士類甘露之獄萃李訓鄭注王涯輩千餘人駢首受戮禍始開元極於天祐至昭宣而天下亡矣梁誅宦官悉罷中尉樞密使置宣政使以大臣爲之後唐復樞密使宋置內侍省入內內侍省而總之以宣徽南北院使宋初有內中高品班院淳化五年改入內內班院又改內黃門班院又改內侍省入內內侍班院景德三年詔東門取索司可併隸內東門司餘入內都知司內東門都知司內侍省入內內侍班院可立爲入內內侍省以諸司隸之宋初有內班院淳化五年改爲黃門九月

又改內侍省入內內侍省與內侍省號爲前後省而入內省尤爲親近通侍禁中役服褻近者隸入內內侍省拱侍殿中備灑掃之職役使雜品者隸內侍省入內內侍省有都都知都知副都知押班內東頭供奉官內西頭供奉官內侍殿頭內侍高品內侍高班內侍黃門內侍省有左班都知副都知右班都知副都知押班內東頭供奉官內西頭供奉官內侍殿頭內侍高品內侍高班內侍黃門自供奉官至黃門以二百八十人爲定員凡內侍初補曰小黃門經恩遷補則爲內侍黃門後省官闕則以前省官補押班次遷副都知次遷都都知遂爲內臣之極品熙甯中入內內侍省內侍省都知押班遂省各以轉入先後相壓永爲定式其官稱則有內客省使延福宮使宣政使宣慶使昭宣使元豐議改官制張誠一欲易都知押班之名置殿中監以易內侍省既而宰執進呈神宗曰祖宗爲此名有深義豈可輕議政和二年始遂改焉以通侍大夫易內客省使正侍大夫易延福宮使中侍大夫易景福殿使中亮大夫易宣慶使中衛大夫易宣政使拱衛大夫易昭宣使供奉官易內東頭供奉官左侍禁易內西頭供奉官右侍禁易內侍殿頭左班殿直易內侍高品右班殿直易內侍高班而黃門之名如故其屬有御藥院勾當官四人以入內內侍省充掌案驗方書修合藥劑以待進御及供奉禁中之用內東門司勾當官四人以入內內侍省充掌宮禁人物出入周知其名數而譏察之　合同憑由司監官二人掌禁中宣索之物給其要驗凡特旨賜予皆具名數憑由付有司準給　管勾往來國信所管勾官二人以都知押班充掌契丹使介交聘之事　後苑勾當官無定員以內侍充掌苑囿池沼臺殿種藝雜飾以備遊幸　造作所掌造作禁中及皇屬婚娶之名物　龍圖天章寶文閣勾當四人以入內內侍充掌藏祖宗文章圖籍及符瑞寶玩之物而安像設以崇奉

之軍頭引見司勾當官五人以內侍省都知押班及閤門宣贊舍人以上充掌供奉便殿禁衛諸軍入見之事及馬步兩直軍員之名　翰林院勾當官一員以內侍押班都知充總天文書藝圖畫醫官四局凡執伎以事上者皆在焉中興以來深懲內侍用事之弊嚴前後省使臣與兵將官往來之禁著內侍官不許出謁及接見賓客之令紹興三十年詔內侍省所掌職務不多徒有冗費可廢併歸入內內侍省舊制內侍遇聖節許進子年十二試以墨藝即中程者候三年引見供職三十二年殿中侍御史張震言宦者員衆孝宗即命內侍省具見在人數免會慶節進子仍定以二百人爲額乾道間以差赴德壽宮應奉闕人增置二百五十人紹熙三年依宰臣奏中宮只令承受官禁中事不許預聞他事嘉定初詔內侍省陳乞恩例親屬充寄班只候以十年爲限

其制御宦者極嚴懲於唐也太祖初定天下掖庭給事不過五十人宦寺中年方許養子爲後詔臣僚家毋私蓄閹人民間有閹童孺爲貨鬻者論死太宗卻宰相之請不授王繼恩宣徽眞宗欲以劉承規爲節度使宰相持不可而止其後幼主握圖母

后聽政宦官勢焰似可潛萌然而祖制既嚴相權復重狙鶩宦者旋踵屏除防患於微亦云至矣乃宣政間童梁之禍南渡後苗劉之亂皆宦者所爲藝祖立法如此猶有是變可不愼哉元置侍正府設奉御官而以四怯薛之速古兒赤爲之充怯薛者皆勳貴子孫給事內廷凡飲食冠服書記上所常御者各以職典之而令四大功臣世爲之長號四怯薛(或作四集賽)天子前後左右皆世家大臣及其子孫之生而貴者宦官宮妾不敢闚竊政權其後雖有保布哈之奸終受誅戮蓋先代貽謀之善也明初置宦者不及百人洪武末年定爲十二監及各司局稍稱備員定制不得兼外臣文武銜不得御外臣冠服職無過四品月米一

石衣食於內庭嘗鑄鐵牌置宮門曰內臣不准干預政事預者斬無赦敕諸司不得與文移往來然太祖立法雖嚴行法則否杜安道以御用監出爲光祿卿慶童以司禮監出使市馬雖其初無所干竊然後人信任內侍之漸實明祖開之也燕師南犯江北內臣多逃歸之漏朝廷虛實狗兒輩復以軍功著成祖襲位任用遂篤李興持節暹羅鄭和督師西洋王安監邊軍馬靖鎭甘肅馬騏鎭交趾陰柔小人居然弄威福矣迨永樂十八年始設東廠令中官刺事於是太阿倒持權傾天下雖宣宗磔袁琦斬阮巨隊嚴刑峻法冀戢其奸然根蒂既深牢不可破至英宗時王振擅柄殺劉球陷薛瑄謫李鐸益跋扈不可制後劉瑾

魏忠賢繼之奄寺如虎狼士夫如魚肉督撫閣部引爲已助拜父師立祠廟金銀錦繡子女玉帛饋獻於其門正氣消殘廉恥掃地卒之萬事敗壞國趣於亡嗚呼明內侍之禍開之者太祖成之者文皇也我

太祖

太宗痛鑒往轍不設宦官

世祖偶用以供宮闈使令之役而深悉其奸

遺詔有云

祖宗創業未嘗任用中官明朝亡國皆因委用宦寺乃立鐵牌裁定內官員數

聖祖察佟義吳良輔之謀治以重刑罷十三衙門其七司三院
特簡內大臣總管合於周官奄寺隸冢宰之義
特頒聖訓云歷代治亂不同係用人之得失大抵委用宦寺未
有不召亂者加以僉邪附其間爲害尤甚
高宗深體斯旨
欽定宮中則例凡內監官職以四品爲止不得加至三品二品
一品職制人數詳載宮史至爲肅清其尤再三致意者在不預
政事祇供掃除使令之役防微杜漸正本清源自漢唐以來未
有如我
列祖

列宗之深切著明者也大抵此輩宜少不宜多宜賤不宜貴少則易於稽查賤則無所倚藉若數多職貴黨羽紛繁權勢固結遂爲國家禍其尤難於防範者黠滑之徒精通文墨貌爲恭順無顯然干政之形惟窺貌伺顏乘間抵隙合已者則爲儕偶之傳說以表彰其長不合已者則爲無意之游談以搆成其釁人君方自以爲明察萬里物無遁情不知入小人之彀中而不覺矣外人見其黨之足爲禍福也往來獻遺奔走結納將有非人君之所能禁止者嗚呼此漢唐所以受禍於先明室所以受禍於後也嘗考周官奄寺人數無多徒供賤役一切宮府諸事士人掌之漢之光祿勳宋之宣徽使均以士大夫統轄內侍元之

四怯辟用貴冑以攝中官故宦寺之弊少而大廷之內熙熙井井此治內之原也總之馭內侍有二法曰少選之而已曰賤役之而已平時勤見臣僚廣開言路使無壅蔽阻閡之患程子曰人主親賢士大夫之時多親宦官宮妾之時少則足以涵養德性薰陶氣質不其然乎不其然乎

防亂論 光緒壬寅七月進呈 御覽

變亂之發先有其機惟聖人見其機而預防之不勞兵不費刑氷釋芒昧之中而天下熙熙然躋於治也若待其機發而勢固往往勞兵費刑而無救於事故蘇子洵曰風俗之變幸有聖人焉承其後而維之則天下可以復治不幸其後無聖人其變窮而無所復入則已矣 麟觀今日亂機其標見於外而其本伏於內夫萬國虎視狂趭獷猤困我以不可終日之勢亂亦亟矣 麟獨以標在外而本在內者何哉庚子以來 麟嘗驅車中原迹滿天下見夫西北之民如此其貧愚也東南之民如此其浮動也已竊竊然憂之矣和約告成賠款繁鉅有司之籌財者曰加鹽

價曰興房稅曰改稅契曰行彩票凡此者皆取之於民者也民之利源不加開民之捐稅日加重數年之後四海困窮弱者轉於溝壑強者流爲盜賊此其可慮者一也伏莽蹤跡布滿中國長江之安清道友山東直隸之大刀小刀廣東廣西之三合三點他如連莊興中在禮袍哥天地禮教等會遍地紛然尤以哥老會爲最衆其黨皆以殺教民焚教堂爲名肆其擄掠謀亂之術縱則難圖激則生變此其可慮者二也壓制太過民情阻隔是非不明賞罰不公思想傑黠者昌言革命著書流播天下少年文士大半附之不早維持四民叛體將法蘭西之禍復見中國此其可慮者三也之三慮者其機皆伏於內而與國本相關

係者也自來內治飭則外患自弭內治弛則外患愈熾如樹木然根蒂牢固雖蟲蝗剝蝕風雨漂搖一朝蟲蝗去風雨停終有茂盛之日若根本枯槁雖灌溉亦無所施偶遇風雨蟲蝗則頹然折矣　麟　以爲欲防三虞略有三策一曰開利源中國有數百萬方里之廣數百兆秀民之多地氣中和人耐勞苦以之殖物何物不蕃以之興事何事不成特上不提倡下不鼓舞於是曠土相望游民接踵也今當興西北之水利振東南之農桑大開天下礦冶使物產盛旺遍設工藝製造等局俾小民各執一業（如紡紗織布熬樟腦編草器翦禽獸之毛以爲絨煉安的摩尼以爲磁等類是也）有出新機製新器可獲大利而便民用者賞以顯爵用昭激勸土貨日多漏卮自少吾民權利不

見奪於外人百姓旣足國家雖多取之民亦不以爲苦如決水然導其源而用其流自無涸竭之患矣此防亂之策一也二曰飭吏治古者州長縣師均以官兼師長之任其人德行道藝足爲師表故授之職五命賜則始有土地人民選吏之愼如是迨其爲官也太常馭以廢置少宰聽以六計歲終考治不以時舉者誅課吏之嚴如是是以吏治肅清民風純厚隆古之世之所以盛者其在斯乎其在斯乎後世選吏也雜課吏也寬不擇才能不問品類朝入巨貲夕授大邑委瑣齷齪尸然親民吮血剝膏如賈三倍甄別之典督撫視爲具文大計之年部胥奉行故事兼以供應瑣瀆律例紛繁上者求免過不思有功下者藉病

民以圖肥已視一宮如傳舍等百姓於途人民事日顁民財日竭民風日劣強傑之徒合羣自固彼會匪之蜂屯蟻聚於神州者豈一朝一夕之故哉今捐納既奉

旨停罷矣然而新捐之員以十萬計舊捐之員以二十萬計此數十萬人者納款於朝取償於野皆以仕途爲壟斷者也麟以爲中國不欲治則已欲治必自飭吏始飭吏之法首曰嚴考核到省之時督撫課以時務策以民情試以藝事凡達時務之本末者知民情之利病者悉藝事之成敗者均列上等次者列中等不及格者列下等三次上等督撫面試其才酌量器使之中等留省學習三次下等立予休致此古者考言之制也次曰專

責成以政治學擅者使之治民以法律學擅者使之治刑以稅務學擅者使之理財以交涉學擅者使之外交以工藝學擅者使辦製造局以師範學擅者使爲學堂教習能言能行者超擢能言不能行者罷斥虐民人負君國者斬無赦此古者詢事之典也二者並行則吏治飭吏治飭則民事興民事興則民財裕民財裕則民風純安有亂民之防吾治化耶此防亂之策二也三曰達下情古者自王朝以至鄉遂君臣士庶皆有互相保護互相限制之公約如今日泰西之憲法是也太史之掌掌此小史之讀讀此鄉大夫之受受此月吉懸之社會講之是以上下一心遠近同俗夫隆古之世其君以民爲重所謂民之所好好

之民之所惡惡之民爲邦本本固邦甯是也君愈重民民愈愛
君所謂畏如神明愛如父母就之如日瞻之如雲是也如是則
君民同心易曰天地交而萬物通上下交而其志同此世運之
所以泰也日本變法之始改爲立憲政體曰萬幾決於公論彼
無數豪傑樂爲效命者此其權與也中國自秦以後古法蕩然
凡開創之君起自田間洞悉艱苦猶與民近數傳之後上下不
通君與臣隔官與民隔大與小隔京與外隔宛轉關塞百弊紛
萌在上者出壓力在下者出拒力上下相攻國終於仆吾中國
不數傳而輒易姓者未嘗不自失於邱民始也麟以爲欲固國
本必達下情欲達下情必行憲法考泰西憲法等差曰君主憲

法若英若意是也曰民主憲法若法若美是也曰聯邦憲法若德若澳是也其法皆君民互相保護互相限制之公義昔人云泰西以法立國其國祚多延至千餘年蓋恃此耳民主聯邦憲法斷不可行於中國惟君主憲法其君執一切主權其民有一切公例參酌行之有利無害今律例既奉
旨參用西法矣倘令出使諸臣譯各君主國憲法下督撫部院詳細考求稽之於古準之於今與斯民訂保護限制之公約將見
明諭朝下民心夕協憲法既行一切用舍舉廢兵刑財賦皆秉公約君以民爲心民以君爲心安有革命之說搖惑衆志哉此

防亂之策三也嗟呼時局至此內亂亟矣邦本危矣乘其機未
發有以潛消而暗息之
宗祏之福也若敷衍遷延日壞一日後雖荷戈十年流血千里
恐無補於吾國之塗炭也知幾其神防患於預能不惟
聖君賢相靳之歟

柏巖文存卷二 記

全州趙炳麟竺垣稿

游西山記 己亥

己亥四月養眞子偕陸子關子蘇子鍾子游西山數日而歸陸子作游山日記一邱一壑一言一動靡不詳盡養眞子曰子記吾不記矣陸子曰否吾記事子記義可也養眞子記曰夫方寸曠遠者必有游觀廣覽之知抱負緜邈者不廢章皇周流之樂於是謝傅挹東山之勝羊公興硯首之思子長聊浪於九州子平超遙於五嶽凡以縱溥覽闊壯懷而已況冀州爲帝者之都太行乃天下之脊起澤潞而趨宋衞走中條而盡居庸古今歌詠之繁乾坤雄秀之氣聚於畿輔發於是山山之形勢有坐者

立者仰者伏者零而破者碎且雜者欹側而斜橢者疊架而洞中者若相爭又相讓者吁是造物者之無意成形也山之寺院有仍舊者拓新者金壁輝煌者門牆荒闃者炤爛而崔嵬者欹屏而衰敝者吁是覽古者之興廢無常也山之游人有顯者簪纓者巾幗者樵牧而鶡冠者佅僑而毳幕者緇衣與羽服者吁是熙穰者之隨地取樂也至於春水暖而游魚出秋風淸而楓葉丹松柏茂而萬壑皆靑冰雪霏而千峯盡白則山中之四時也大抵寺院之盛衰視游人之多寡剖天析地以來不知游是山者凡幾記是山者凡幾山中寺院倏盛倏衰又凡幾而山自蓊薆翠微倬詭萬世也吾與子稟天地之氣觀古今之變

中懷之曠遠緜邈彌綸兩大者得乎山豈盡在乎山耶至若朝暮之風景寺觀之本末陸子日記甚詳不贅

高麗營避難記 庚子

光緒庚子七月二十一日京師陷　兩宮西巡余與陸紹潤司勳(輔清)劉子穌茂才(發怡)約携眷追扈爾時鎗礮硠礚車馬寂寥紅粉黃童如鳥獸竄扶妻抱子者接踵道途乃命僕人駕小車載內眷出西便門環城北走至平則門遇一人風砂滿面奔走倉皇近視之爲友人林烱寰大令(炳華)也結伴北竄至頤和園石道邊亂兵紛來前車被掠滿天赤日酷暑逼人余與烱寰足痛力疲舉步維谷料駕難追及告車人自高粱地走懷柔行十里許夕陽在山蒼黃欲夜紹潤覓得路旁泥屋有八十老叟坐嘆其間向叟求宿叟許諾各携眷入泥屋中鋪氈地上當階露坐未

幾叟爲飯食客飯後月白天高促譚中夜回視國門火光燭天礮聲動地泣數行下次早辭叟北行至渴必隆墓地旁余與烱寰不能寸步紹淵子龢向村民乞得柴車一輛人推挽載余與烱寰行午間到雷家橋余前游懷柔時識此間酒店主人叩門訪之因爲午炊忽有人短衣敝鞋自鄰店至則同年喩志韶太史(長霖)聞余話言來會也飯後偕紹淵子龢烱寰志韶行沿途多通州潰兵棄甲曳兵塞道談及火器猛烈猶慄慄作寒戰行數十里至高麗營天色云暮宿劉氏(松山)店中是夜大雨傾盆敗兵紛過高人亦慴遥聽悲風四起蛙聲如鵝益增忉愴次日山水驟溢小車難行紹淵烱寰遇農家劉會川留寓余與紹淵子龢

烱寰遷寓會川家茆屋二間僅蔽風雨志韶仍寓劉店中旋聞唐暉伯給諫椿森攜其夫人亦來貴楫生京卿鐸韓力畬農部樸存唐茂庭樾森馮志清汝琪武部周東山別駕及延將軍茂之二公子咸在南望京都烽煙燄熾誦杜陵哀王孫詩太息痛哭久之是邨當遼瀋衝時傳亂卒來時傳敵兵至村民騷動多舉室外逃者強梁頑驁之徒見　天子西行王法廢弛據莊大掠持械輈張自高至京遂有十三關之梗我輩不能出高半里矣出京時徒步單車未載衣被邊關秋早客子衫輕妻號兒唬忳懷百苦一夕明河在霄照見人影感念身世徘徊階除聞隔牆火礮數聲人語哮呷懼而歸寐清晨問之知唐給諫家被強寇掠矣居

三十餘日聞京城粗安崑相岡有拜摺迎鑾之舉欲列翰詹名志詔歸余繼歸歸京見　旨懲王太臣誤國罪考功郎半外出余致信紹淵始歸具稿定議閏八月二十三日偕紹淵迎眷回京在高時劉氏兄弟（劉會川及劉仙賓劉松山兩茂才）禮意隆厚嘗煮麥飯具蔬饌邀同人話時事嗟乎我生不辰逢天亶怒覩銅駝之臥地傷鐵騎之渡江竄棘逃荆靡有定處不圖北平偃蹇得遇丈人記以粗言聊徵雪爪云爾光緒庚子九月元日記

柏巖記 辛丑

秀溪之濱柏巖在焉片石巋然中空如室爲龕於內以祀柴侯巖上多古柏每大風颾颾然來夭矯怒號聲聞數里旁有支巖花草灓灓琅然噴流水聲如鳴琴支巖之外兩石疊架一石立水中光滑若洗俗呼爲小蓮臺是也循是數武懸崖間砢仰視石迹中含龍形鱗甲宛然若破壁新出者余少時讀書之暇嘗着布鞋衣葛衫登巖之巔立古柏下高歌長嘯遠近牧笛和之至足樂也遙望江流汨汨千里田原村舍參差煙表古之桃源其若是耶辛卯以後余東游罡罘南望衡山西登華峰北上太行離吾柏巖者於今十年矣一壑一邱時縈夢想爰書小簡以

誌舊游幷爲歌曰
柏巖之木英華被人柏巖之水淸漪澤民世世子孫守之勿傾

登雁塔記 辛丑

養眞子僑廬關輔舁窣䯧虒感戀當務神怳形茹二客造見慨然而吁曰咸寗城邊雁塔歸然與子登覽略世忘年安步徭徭乃登其巔則見終南碧霧太華白雲若近若遠非浮非沉紫荊滿樹曲江之濱草色曠野莚蔓如茵二客粲然洪鬯於心養眞子長風獨立四面目垂悁然而嘆懞然而悽如醉如病如狂如癡二客問曰何爲其迂且悲也養眞子曰去年三月金臺暮春余與燕邯俠子高陽酒生朝登太行夕聚江亭而今遙望化爲刀兵去年八月妖民戕國余偕朝士航海南越而今隱者長隱淸風明月行者遠行東西南北惟余買車河豫策馬咸潼萬里

跋涉來從　兩宮停鞭四顧滿目哀鴻趙李游燕無動於中牛李喤呷伐異黨同神州泱漭莫知其終此余所以百感交集浩嘆臨風者也二客曰一治一亂世間之常運有憂有樂人生之恒情君子不以逸樂害於事亦不以憂戚傷其生王導有志中原不效新亭之哭屈平無益國事空成江畔之吟養眞子曰唯唯乃與尋古蹟掇遺碑采紅華拾翠枝章皇溥覽而不知羲轡之將西（二客者全州劉子和懷甯甯翼雲也）

八仙庵觀牡丹記 辛丑

西安城里許皆唐時南內故地離宮別館圮爲邱壑有屋廜蘇花木蓁柅則八仙庵是也辛丑二月同人以牡丹正開約尊酒相訪駐車門外微香動人入其庭見牡丹數十株摛錦布繡爛燿階下再過別院有海棠紫丁半就凋謝落紅滿地春鳥亂啼撫景憑欄如子野喚奈何不知一往情深也傍午具蔬饌煑麥飯酥酒佄酐酕醄欲醉或歌或笑或棋或茶康娛自忘相與聊浪末入曲室領略芝香蘭蕙發色曄曄猗猗憶自去年以來時而烽火時而刀兵時而關外逋逃時而道途寒餓忡懷百刧闐心萬愁今日之游經年中第一佳期也然而世局方棘民生正

藹他日拔劍出門投壺作客片帆萬里一別十年懷戀斯游如夢如幻此七賢鄰下子桓所以嘆斯樂難常也因爲小言聊記盛興同游者誰王子孚川（廷揚）方子雨初（霆甯）子翼雲（鵬南）舒子彬如（鴻儀）劉子子龢（發怡）趙子竺垣（炳麟）也

自湖北上禮部侍郎唐春師景崇庚子

春閒敬繕一箋託周九成鹺尹帶桂想早達師門矣吾師防草莽之戎閔梓桑之厄籌辦團練杜遏亂萌橫渠籌邊四議所謂淸野省戍是也異日中興奏績繼曾文正胡文忠之遺使天下又識有粵團此受業祝以馨香期諸旦莫者矣受業芸館濫竽無裨時局有何顏面以對師長之前方拳民攻使館時受業料其必有今日之禍上書伏

闕請籌全局而禁妖言奈諫草雖陳究無補救竟至萬民塗炭

二聖蒙塵環顧中原慘然涕下七月二十一日受業聞

鑾輿西幸卽攜眷追從行至頤和園石道邊亂兵紛紛大有骨

肉不得同馳驅之勢中途漂泊流寓軍都妻號兒嗁飢寒兩迫
八月崑相拜摺迎
鑾欲率同人聯名入奏 受業 彳亍而返重入京門見正陽門內
外一片焦土寂無人煙
國門洞開戎車馳驟及至寓所僕婢逃亡四壁蕭然形影孤立
誦杜陵哀王孫諸作太息痛哭者久之九月迭見
諭旨詳示
迴鑾之難又催部院堂官選得力人員奔赴
行在 受業 詣謁當道屢言亟欲見
君蒙留守大臣給咨送往

行在二十一出京過通州楊村一帶敗垣冷落斷絕炊煙數百里中無復雞犬禾黍蕪倒收穫無人自金遼至今未有之奇刼也受業在唐沽買舟渡海刻已安抵鄂城現在探聽道途約伴西上惟和議尚無頭緒各國進逼紫荆南北海門兵輪紛駐欲戰則全局麋爛欲和則萬端苛求蹐地跼天毫無善策臨書涕泣墨與淚俱

自　行在致岑雲階中丞 春煊　辛丑

僑寓秦川時挾光藻琅琅雅節闕我壯懷節鉞西征曷勝思慕吾伯努力上國流惠下民岸然杖道義之根嘖然贊金石之業熘燿中外不徒桑梓霑榮也 姪 偞傂長安伐檀素食弛氣憒墨撫懷涽噫近聞井陘故關紛來西騎昨見吾伯電奏籌畫至爲妥周 鄙 意井陘五臺古稱天險英雄用武扼爲樞機宜仿營壘新法多設地營開濠築壘令節制將卒當關固圉又不可輕開釁端彼麾兵逼關則遣通語言熟交涉者持照會犒牛羊感以至情責以大義我防守嚴密彼攻之未必克則心懾我詞禮謙當彼見之無所恨則心服日本孝明天王時 明治父當我同治時 英美俄荷

四邦合兵攻日薩摩長門諸豪藩駁四國亦如此也關中近日細雨如膏惜二麥皆枯不過補種雜糧耳當軸朝臣半執私見輭譔小子則格外曲成剛健丈夫則暗中排擠大局已棘人心猶戔戔如

兩宮何如萬民何時因便鴻惠我嘉教

復岑雲階中丞春煊 辛丑

昨由丁春農處拜奉瓊章敬知起居日嘉翼尃風化講信修睦消除亂萌俾井陘虎牢不見西騎南下皆吾伯撫綏之力程子云至誠交敵國是也聞潰兵鼠竄掠人財而墟人邨吾伯欲以重典懲之執法不阿是古大臣風度豈世俗泄泄者可比哉使秉節鉞任封疆諸公盡如吾伯安有不節制之師殃民辱國若是耶惟惠書以時事艱難似有季鷹秋風之念姪愚竊以爲不然自古有非常之局方見非常之才宋范文正公外當元昊之凶內迫宋庠之謗剛柔得中卒成一代中興之績太世伯襄勤公之在滇黔也羣妖競逐橫厲糾紛襄勤公攫戾執猛對揚王

休滇黔之人永受其賜吾伯荷
兩宮深恩爲萬民屬望正當外和友邦內舒晉難豎經世之大
美流千載之英聲繼襄勤公之家傳追文正公之盛業張蒿庵
所云功在斯民業崇匡濟身存而天下賴之如此方爲大丈夫
也若蒓菜自娛漫咯三徑是隱君子所爲非吾伯報
國承家之事故遯之上九曰肥遯無不利王弼注處外無應於
內超然絕去心無疑顧也蹇之六二曰王臣蹇蹇匪躬之故王
弼注處難之時當外居中以應乎五執心不違志匡王室者也
使處蹇二之時爲遯九之行則豈義文周孔立訓本旨乎 姪僑
寓長安虛縻俸秩讀書之暇聊浪山川約有同志三四人擬俟

龍馭迴時遨遊海外扶桑濯足英倫泛舟登華盛頓之都歷彼
得羅之野借十洲煙水一盪襟懷吾伯以爲可否

自　行在致岑堯階觀察 春煊 辛丑

竭來鄂渚頻炙儀光疋馬秦川一別千里登華望遠思何可支吾伯四國蜚聲舉不失策緝熙有方叔之望交敵兼伊川之誠茂績維嘉曷罄景卬 姪客冬解纜雨雪載塗買車襄樊取道河豫春陽正月廼抵西安謁見雲伯意氣甚合未幾雲伯仗鉞西征蓋當道陽保而陰擠也憂心悄悄慍於羣小 姪嘗勸雲伯宜學范文正內剛外柔雲伯深以爲是並說雲伯電商慶王李相謙辭和衷一面調繙譯以備交涉一面扼要隘以防攻侵雲伯亦以爲然近日井陘故關閒來西騎然無足慮也關中得雨人心稍安惜二麥枯黃不過補種雜粟而已和局尚無頭緒

迴鑾未有定期時勢如斯眞堪太息南風有便惠我好音

致陸紹淵司勳清輔 辛丑

前託韋五雲銓曹代寄一柬計程當達燕京昨得北方友人書言美國退兵地界交普人暫管又有三日搜索之謠居人紛紛遷徙果爾吾兄亦多一番舉動矣如此變易何以持久側身北望悲從中來兄前與萃生比部函言弟存京書籍器具代搬至館中古詩云相去萬餘里故人心尙爾思何可支弟關輔扈隨虛縻俸秩往往夏雨初霽獨登華峰遙看黃河走萬里浪心目爲之軒豁忽念

陵闕猶荒滄桑未定昔年游侶南北東西行者遠行隱者長隱不覺感慨係之和議未成

迴鑾遙遙無日弟約有二三志士欲秋間乞假仗劍浪游濯足扶桑放舟英倫借十洲煙波一洗胸中塊礌否則當採蓮西湖尋芳長洲購一美姬載之南隱負郭百畝繳廬數間流水奇峰迴環左右四時花鳥闕我天機讀書鳴琴聊以自遣此亦英雄之末路也若鬱鬱朝右侁侁隨班既不能康世屯又不能行己樂其於草木相去幾何耶

致宋芸師 育仁 辛丑

長安隨扈瑑炙純懿嘉教洸洸闓闓壯志勝引睽隔瓣香勤惓遙計征程當抵鄂渚從此鴻毛遇順展所欲為外耀臺階內讃帷幄俾遠人回面華夏充實微先生其誰與歸 受業 自臥病秦川攝葉儲與七月三日勉強登程行至藍橋單輿戾止僕從行李間阻秦嶺是夜秋風碭駭雨聲淅瀝身披葛衫媻珊舛窣靜聽古木爭鳴萬山騰籟炳燭不寐百感交集晨旦起盥反覺氣清熱退宿疾霍然乃知前此之紛屯淡悶沉鬱伏暑所致無他病也八月十日乃至衡常謁覲重闈幸叨康健常甯小城如斗僻在山中西北消息渺無聞見每當涼雨初霽嶽雲未收邀幕

賓攜純酒臨湘水之濱登九嶷之支狂醉擊石而吟陳伯玉羈圖悵已矣驅馬復歸來之詩天風琅琅吹我襟袂渾忘神州陸沉身世如寄也受業前在西安報明先行赴京梅花開時馬首欲北兩京近事如何如何時因南鴻惠我片簡

致廣西巡撫王芍棠之春書 癸卯自京中用同鄉公函寄桂唐春卿侍郎領銜列名者四十五人

敬再啓者前丁中丞爲籌款計奏請抽收賭規 敝省地瘠民貧款項奇絀於無可如何之際爲此萬不得已之謀當事者之苦心固早爲吾粵人所共諒矣雖然兩利相權從其大者兩害相權從其小者 敝省之收賭規所謂見小利而忘大害者也 敝省自戊戌以來會黨縱横游匪四起練團清野猶恐不治加以賭幟如林盜賊混迹少年子弟趨賭如騖父兄不能約束師友不能勸止正業既失游民愈多盜風愈熾搶奪之案層見疊出遂致去歲以來游土會句結一氣盜賊如毛剿不勝剿撫不勝撫是以旌麾涖粵萬難措手加以水旱成災哀鴻遍野民間元氣

勢將殆盡現復縱之明目張膽以賭爲業民脂愈削而愈枯人心愈誘而愈壞盜源未清盜藪日叢其患伊于胡底弟等半年來迭接鄉人來書太息痛恨於此事以爲數百年來未覩之奇害弟等未敢緘默不言伏讀大公祖本年二月十六日大疏謂丁撫奏明招商承辦賭餉現因地方多事所認賭餉絲毫未繳等語是於國家並無絲毫之利而於地方實有莫大之害徒使奸商猾痞剝削快意以至民不聊生而後已大公祖以愛民爲心視吾粵民猶赤子粵民之視大公祖猶父母以父母爲赤子謀未有不統籌全局而去其大害者倘蒙鑒察此事關繫甚鉅毅然奏請停收賭規設法禁止開賭使盜賊斂迹地方肅清吾

粵人士共戴賢父母之德政於無窮矣若慮款項無出或請將釐金鹽務酌量招商包辦仍派委員督查酌給公費此兩項包商每年約可增二十萬此外有於小民無大損者善爲勸導量力捐輸亦可湊三五萬如此辦理諒亦可以抵賭餉惟仰賴大公祖與方伯廉訪兩大公祖熟籌妥辦無任叩禱弟等爲國事民生起見公同商酌謹貢下情伏乞賜鑒

柏巖文存 書

自全州復胡湫唐吏部 思敬 書 乙巳十二月

前月寄一柬計達執事左右昨城中人送到手書贈 先君以聯語復不棄緜薄琅琅惠我嘉言始令我愴然悲繼令我悚然懼非異姓而骨肉者誰肯出肺腑吐金石醫砭我於萬里之外耶聖人稱直諒多聞爲三益友君乃兼三者而備之斷金獲利伐木得朋 弟竊竊以此自幸也鋒芒太露四字誠弟一生受病根原黃岩喩志詔以四字規我累矣弟亦忒忒慟自懲艾而卒不能闊然高渾殆學養褊淺所致我輩讀書學道毋持以取名者自守之貞義應如是至於學問之廣大精微四海爲戶庭萬

物同胞與尤不宜拘執一域自隘吾聖賢經世之量夫大經大法載在六籍者固簡不勝書彼東西洋各國經營治術不下數千百年國力及十數萬里以外夫豈無良法美意而致之互究參觀各求其是未可謂爲失也中國亂源在上者趣勢競利不顧禮義廉恥在下者日就困窮蹙蹙養其生而不得則爲盜爲匪其弱者爲匃爲殍上觀於朝下觀於野處處皆亂機我輩他日採稆無地夫何待言　先君葬事月初告竣石碑已刋墓木新植　先君讀書學道五十年今則黃土一堆白雲四野浮生若夢爲懽幾何藐然七尺之躬他日但得一死所能歸骸骨於山之陽墓之側使後人知我爲光緒帝之臣柳溪公之子足矣

富貴非吾願顯頡非吾悲質之高明以爲是否眷屬在京時承嫂氏過問厚誼曷勝感激明年春水發時弟欲至京攜若輩歸一切容晤敍不罄

光緒乙巳六月麟上書請考定憲法變通政體自庚子以後士大夫多藉言變法取名胡君素與麟及劉君幼雲廷琛誓以氣節自持毋爲風俗所靡故胡君疑麟爲名致書規之原書錄後

倉卒出都不意遽罹大戚一路扶柩返葬艱苦萬狀所不待言正擬馳箋慰問忽接來書哀慟之辭令人不忍卒讀尊君蚤歲窮經晚而篤守程朱之說遺愛雖在一方其志量實在天下有子如公正宜勉抑哀思善繼善述無負生平諄諄誥誡之勤我

二人本以道義相交誼則友朋情猶骨肉憂戚與等知無不言足下志趣之堅卓議論之名通同時儔伍中無與比並惟是鋒芒太露不無沾沾自喜之心名者所以勉中人而自立君子闇然自修蓄於中者既充然有餘或失於上而得於下或屈於一時而伸於百世極其學之所至盡性知命蓋雖遯世不見知而猶不悔少而急於自見其末路必憔悴以死賈生陳同甫是也家國大事言之甚易行之實難返而求之六經證以數千年成敗是非及當今變故反覆沉潛或有豁然之一日天不變道亦不變四夷交侵何代蔑有元人入主中夏兵力之強過今日英德俄法遠甚未聞反先王政教而從蒙古若但誇其製造之精

則古有墨翟公輸何不躋而祀之聖廟今外自疆帥內自樞府大臣所用者何人所操者何術雖付以雍乾全盛之天下知不能一朝居幸而　祖宗法制禁令未盡廢亡故倖位雖多猶悍然有所顧忌若盡裂其防輕用西人巧便之才任其泛溢四出苟賤趨利之徒尙復何所不至日俄議和其謀甚秘密東京聞已定約民論大譁麇聚而刦政府大亂數十日乃定知萬事付之議院擇其多數從之夷法亦不盡然膠柱鼓瑟其可行乎乃者科舉既廢報館密布如蜂窠東瀛游學過二萬人警部開趙秉鈞以試用道徑擢侍郎謀開學部者據要津而捷高足尙不乏人（聞嚴修可得侍郎）五大臣聯翩出使憲法亦將舉行君視此爲將興

之兆亦垂絕之機我輩年齒俱壯又各備員於朝不二三年當親受其禍福無待龜著決矣此事未可一二言言之止益徒招人訕笑以足下有志於古而邪說充塞雖賢者莫能自堅區區相愛之忱異時將以共生死同患難故不憚出肺腑與語若以鄙言爲迂頑不達時變則氣類已不相投雖欲強附於交游之末勉作周旋附和之辭而面目可憎語言無味想亦足下所厭聞也地北天南消息遙遙不可知尊眷遷柳州館內人時時過問稚子輩俱安好苦塊中千萬寬慰自愛勿宣 乙巳八月

與粵西當道請籌辦全州學堂書 乙巳十月自全州致

全州書院停考士子荒學閭閻絕誦讀之聲草野皆樗蒱之戲麟丁憂到籍詢其讀書識字人日漸減少之原因僉云學堂改章讀書無用麟告以學堂學科亦不外經史國文及各種實學將奏定教授管理各法逢人便說州人士始稍識學堂命意所在風氣若是聾塞聽其長此昏昏將爲衣雪亞濱之野人矣查該州向有清湘書院存公田千餘畝（幷文昌閣在內）賓興總局存公田千餘畝文廟局存公田數十畝現有數年未辦一事三處所存租息計必不貲清湘書院規模亦頗宏敞擬提三處現存租息作爲開辦經費提三處常年租石作爲常年經費就清湘書院設

一師範簡易科幷高等小學堂師範簡易科遵定章以十個月畢業集州中生童四十歲以內者考驗合格使之肄習教授管理之法以八十人爲額一年之後得此無數教員分布六鄉教育庶可普及俟師範簡易畢業再添招初級小學以符兩等小學定章次第舉行事極易舉

與粵西當道請禁全州賭博書 乙巳十月在全州致

廣西前因抽收賭餉民以賭爲事父不能管其子兄不能約其弟幾乎四民皆失正業御史周少樸前輩奏參欽奉 廷寄令督撫設法嚴禁繼經柯中丞奏飭遵 旨嚴禁 敝省同鄉京官復聯銜力陳其弊岑制府李中丞均嚴飭禁止各在案現在全州賭風復熾開場演劇聚賭抽規所在皆是雖差役查至其地大抵得數十元即緘默而返團練局練勇更私收賭規肆無忌憚以致恭城平樂各處賭痞多有至 敝州趕賭者若不嚴行禁止非惟民利日蹙亦且匪類潛藏謹繕函恭達臺端務祈飭下州主四處派人嚴查遇有唱賭調演賭戲者立即拿辦倘差役

練勇受規放縱一經舉發按律懲治務使小民知王章之宜守識正業之當勤敝州風俗庶有改觀

送劉幼雲廷琛提學陝西書丙午

劉前輩幼雲之膺簡命提學西安也謂趙炳麟曰吾與子相友吾與子相遠別子必贈我以言必筆之書炳麟時居憂方寸亂不能文久矣然夙嘗誦曾文正之言而最佩其二語其復彭麗生書云今日不可救藥之端惟在人心陷溺絕無廉恥無兵不足深憂無餉不足痛哭獨舉目斯世求一攘利不先赴義恐後忠憤耿耿者不可亟得或僅得之而又屈居卑下往往抑鬱不伸以挫以去以死而貪饕退縮者果驤首而上騰而富貴而名譽而老健不死此其可爲浩嘆者也其復賀耦庚書云今之學者言考據則持爲騁辯之柄講經濟則據爲獵名之津仕途積

習益尙虛文奸弊所在蹈之不怪故今日而言治術莫若綜覈名實今日而言學術莫若取篤實踐履之士物窮則變救浮華者莫如質積翫之後振之以猛方今時事孔棘追究厲階之生何嘗不歸咎於發難者彼豈確見天下之大計當痛懲而廓清之哉豈豫知今日之變實能自我收之哉不過以語言欺人思先登要路耳二語也蓋舉今日之破壞綱紀獵取富貴者形容盡致他日中原板蕩神州陸沈二語亦發之透矣劉君之在京華與炳麟咨嗟太息於此中消息年復一年今劉君幸出而操風化之柄士大夫當以身爲風俗所願持文正所謂治術者以爲治所謂學術者以爲學使忠義篤實者不至抑鬱屈挫且去

且死而貪饕退縮浮華欺人者自有觀感而一返於眞是則補救一分是一分吾輩之責也麟憂中不能爲文謹述文正兩言以相送亦自託於臨別之贈云光緒丙午閏月洮陽趙炳麟書

復張季直殿撰書 戊申

憶自戊戌同散館時得以詹卭手彩此後滄海波濤逐年詭變我公輜塵軒冕爲吾民開無限利源眞如天上游龍空中白鶴可望而不可及爲丈夫者不當如是乎 姪一官束縛於世何裨昨範予兄來辱承賜函延譽盥誦再四彌覺赧顏國會一層彼此意見甚合 姪嘗以古今致治之道一則自上而下必有英明之君主勤求民隱官吏不敢爲虐如是可以治一則自下而上必有完全之議會監督行政官吏不能爲虐如是可以治上焉者必須英君君主知識稍差弊端百出故治日常暫下焉者監督之權公諸全國官吏不能治事安民必不能立於政治場上

雖有中材之主可以爲治故治日常久　姪自翰林至臺諫於此中機關言之凡七次惜乎其和寡耳方今國步艱難不可終日外詗他族逼處之勢內觀當軸驕泰之形吾輩政見恐祇垂諸理想興言及此能無慨然臨書不盡縷縷伏惟崇炤不宣

致趙芷蓀侍御啟霖書 戊申五月初九日

前月寄一書想塵靑盼近日起居如何微痾當占勿藥京門五月炎氣逼人每暑雨乘凉獨立江亭一望蒲柳靑碧白雲在空益動我眷念故人之想聞喩志韶云劉幼雲引公學部將調公爲大學分科經學監督秩四品在他人爲學堂得人慶然麟與胡潄唐則逆料公必不來何者以是非論

皇上用公御史而辭大臣調公監督而就於義不宜以利害論今日學堂極形棘手而側目于公者未嘗忘公辦棘手之事有側目之人不待智者知其無善全也天下事有抑於上或顯於下屈於一時或信於萬世出處之間吾輩不可不熟籌之也況

今日公朝無賞罰私家有愛惡設一銀行三四品官位其中立一學堂三四品官位其中考其實際不過奉令承教仰大臣之鼻息大臣喜則援之而來大臣厭則推之而去語言行動牽掣於人是以京師有紅托呢車滿街走三四品官賤如狗之語姪自忖迂材不合時局惟講官言官尚堪藏拙猶爲
朝廷之人非大臣之人是以不揣檮昧待罪於斯當道不察謬以猥鄙登薦牘姪不就也楮短意長不盡縷縷惟爲道珍重不宣

復趙芷蓀侍御啟霖書

北地又秋風涼矣搔首天末我懷如何前月在子蕃前輩家得見手書字跡不如平日固疑尊恙未愈近接來翰知起居確未平復以書中所言各症揣之似是心血虧虛吾國讀書人大抵多患此然不眠不食亦宜早治草木之品不過救弊補偏至於根本非靜養工夫不能使血氣充盈百脉和暢姪每至夏月亦患小便黃精神倦必秋涼乃爽快西醫爲考驗小便言中有酸質及蛋白質是體弱所致吾輩心志往往上下千年縱橫萬里而體質乃如斯之弱豈非大憾是以姪教兒曹以武健爲主毋文弱似乃翁也　先君墓表格式祈尊意酌定姪欲在京刊石

似不宜太大便於運回是要出處之義我輩同心今日可以語此者京中祇一胡潄唐江杏村此外則靜海劉仲良亦不苟合其餘諸子平日未嘗不高自期許而一入貴人之牢籠多失廬山眞面豈非習俗之移人歟少康當惠我嘉教

致趙芷蓀侍御書

別來又數月矣京居頗覺苦惱回思十月間與
公立愛晚亭看紅葉鮮明如畫登岳麓之巔俯視江河城郭爽
氣盡在眉宇實爲本年中第一暢懷之日也臘月十一日姪與
松山給諫論劾項城
攝政王遂奮神斷立予罷斥而學生士夫竟有以書責我謂漢
大臣中才未有如項城者去之可惜不知項城者
德宗之罪人抑中國之罪人也方
德宗變法之初善爲輔佐中國大局必非如今日之危棘矣項
城受

德宗恩遇如此其重
君變法已不善弼又從而陷之繼乃竊
君之權勢爵祿樹植己黨恣行威福昔徐霖論史嵩之奸深之
狀項城皆優爲之復附會
德宗十年前欲行之新政引爲己名使海內浮薄之士知袁氏
而不知
朝廷而名似實非非如
德宗之實事求是也不過藉此破壞紀綱布置黨羽而已
德宗以此抑鬱遂致 上賓皆袁氏力也中國以此危疑屢致禍
亂亦袁氏力也有臣若此律以春秋之義難逃斧鉞之加

朝廷寬容僅予開缺回籍議者竟敢四起可見人心世道之變
矣前月寄書曾否接到道履想已復初惟爲國珍重不宣

復趙次珊爾巽前輩書

次珊老前輩大人史席躬耕桂嶠正結想於　觚稜盥誦華牋承　諮詢以故實竊念炳麟世叨廩祿昔點臺班不揣庸迂好爲議論漢鼂錯啓沃之術竟教滄海橫流宋疊山宣慰無功坐使恆星晝隕現委餘生於艸莽豈期報稱以芻蕘顧此　清史館纂修之任炳麟有義不容辭者　大清乘乾御宇垂三百年勤政愛民越六七作炳麟追隨館閣舊曾居記言記動之官俯仰河山今當闕所見所聞之異夕橫經而朝負耒謬託著述於船山上不諱而下昌言何必深函以鐵匣願涑水堅持名教毋學蔡邕之信宿三遷倘亭林重謁　先陵當隨董史以片言定

論虔修寸簡聊當拜嘉敬請　撰安諸希　亮鑒

附原函

敬啓者伏維史兼衆善賴大雅之匡扶書以人傳經校讐而增重蔡中郎未續漢志藝林引爲深嗟王文中不預隋書史乘因之寡色蓋修史爲一代大業宜與當代人才共之倘在事者延聘稍疏即一代之典章多闕古今同嘅彌用兢兢爾巽以迂拙之才辱政府過聽聘任清史館館長就職以來私念茲事體大宜薈衆長況際國體之變遷易啓人情之淆惑卮言野史當季世而已滋襲謬沿訛動旁觀之竊歎若不廣求鴻碩同事賛襄早日成書昭茲來許則後之述者或乞靈於墜簡或兼采夫譽

言不惟得失難易之懸殊亦貽世道人心之大懼惟是國基初奠財用未充束帛賁園雖禮聘所宜有授餐適館慮給令之難周用特呈明于本館分設名譽總纂名譽纂修名譽協修三職遙領清銜襄茲盛舉遇有遠求教益者或馳函付驛或遣使造廬或成書而就正休文或具狀而乞文子厚傳之人而公諸世無異覩祥異之鳳麟朝屬艸而莫看山仍不擾幽閒之猿鶴執事宅心正大積學淵閎負季野之高名瀾翻不竭闡亭林之史例津逮有資茲敬延爲本館名譽纂修歷時未沫報國不外乎文章以禮爲羅爾音毋閟夫金玉謹修啓事用當聘書惟希鑒其誠心　惠以鴻著幸蒙　金諾企拜　瑤章臨楮欽遲無

任棨盼

辭薦肅政史書

客夏滬濱促膝鄂渚論心轉瞬經旬我懷曷極頃得京信中央建設平政院我公不棄鄙陋密薦麟備肅政之選人非草木敢吝芻蕘惟炳麟係嶺嶠寒儒乏匡時遠略謬承　大清德宗景皇帝備位言路列席講筵不揣庸迂好爲議論漢竈錯啟沃乏術竟教滄海橫流宋疊山宣慰無功坐使恒星晝隕足見曲樗之質難爲大厦之支况今風雨飄搖時艱百倍於昔雲霄會合宜待非常之才策駑馬以馳驅常虞竭蹶效羊鶴以翔舞必致氃氋麟甚望大總統鞏固共和爲中原留政治麟自願士君子堅持淡泊爲萬世樹綱常庶見智見仁各行其是而在朝在野

兩不相妨謹佈寸衷祈達當軸臨書懷想無任主臣

佐陸武鳴起義檄湖南父老書 丙辰

廣西都督陸榮廷率廣西軍民人等謹函告我湖南父老兄弟曰嘗聞湘水清漪實產英杰肇造民國偉績尤彰袁氏竊權謀爲帝制松波湘產起義昆明振臂一呼全國響應僕雖武士曷敢逡巡暨我桂旗勉從其後夫袁氏罪戾罄竹難書溯自有清潛圖神器交通寺宦酖故主於瀛臺搜括民膏賄貪王於承澤杜鵑聲慘誰悲望帝之魂魴魚尾赬遂召王室之燬辛亥武昌起義薄海從風袁氏始則挾清室之兵力壓制民軍繼則借民軍之聲威逼迫清室迨全國趨向共和袁氏刦據總統彌張毒焰肆虐中華捐稅繁苛不恤萊蔬之色黨獄酷

烈竟同瓜蔓之抄竭四海以奉一人襲位計及於肫犬殺萬民以償大慾當道利用夫豺狼洪憲改元大典籌備謀逆叛國食誓寒盟罪狀昭彰路人皆見近雖迫於大勢僞號取消而陽踞總統之名陰行帝制之實獨夫一日不去萬姓一日不安况遵照約法大總統謀逆當受法庭裁判是袁氏不徒喪失民國之元首且已確爲民國之罪人按照參衆兩院議決公布之大總統選舉法大總統缺位以副總統繼任袁氏因謀逆缺位應由黎副總統繼任爲大總統四省聯合軍政府已通電承認中外咸知使袁氏稍有天良稍知人道自當坦然引退表白己心吾民略迹原情寬其末路嵩山耆舊洹上桑麻愛子牽衣艷姬當

室暮年光景良足快心乃力恃瘠牛鬬同困獸窮兵以逞怙惡不悛昔梁惠王爲土地之故糜爛其民而戰之孟子猶譏其不仁今袁氏爲子孫私計使南北軍民同罹塗炭此何心乎南方爲民除暴不得已而興師國與賊固不兩立即北方將士誰無室家袁氏自爲子孫計曷不爲北方將士子孫計乎使之離鄉別井棄子拋妻屍橫道途血滿山谷可憐無定河邊骨猶是深閨夢裏人此情此景言之慘然所願義切同仇忱深討罪川湘繼武鄂豫同盟傳檄江南聯兵河朔誅彼國賊還我共和至是時我輩卸甲歸農止戈敦好使數千年古國不致爲袁氏一家而亡豈不庥歟倘或昧於順逆甘心從賊除惡務盡誓必殲旃

嗟乎莽乾坤容此濁流蒼生何託好河山等諸孤注赤縣將沉我父老兄弟思之孰不痛心乎至於大軍所過義在護國救民秋毫無犯商安其肆農安其耕士民安居毋自驚擾臨函延跂不罄欲言

致黃贊元書 七年三月十八日

俊人先生大鑒別來半載我思如何惟　起居逾恆定符心頌大局渾沌愈演愈奇　弟與　兄前在天津所研究之總統兼任政治至今日實可以施行亦且可以救國(一)總統固定競爭自息(二)總統無權府院自和(三)責任內閣可以實行(四)北方各派皆可容納(五)名義爵位可以號召(六)國體不更無須承認現在能用此策以東海攝政以合肥組閣北方各省綱紀易肅彼方黨見紛歧爭總統爭督軍爭省長權利之心急猜忌之見深我但畫界而守彼將自行擾亂其穩健者且有拜表來歸者矣至是時再求統一猶反掌耳不必自相殘賊蹂躪

地方可操勝算務乞我　兄速商令師梁任公轉陳合肥力主
此制我中國四千年之景命或可苟延近日京局情形并望詳
示臨楮不盡欲言專此　敬請　台安　任公先生同此致候

致張紹帥書 六年六月四日

紹軒督軍鈞鑒前在旅館曾上蕪函匆匆未盡所懷茲請詳言之自來定大計立大功者必以正名爲先務名正則言順而事功易成否則未有能得最後之勝利者也今日根本解決之方莫如行虛君共和之制中華民國大總統永以淸帝兼任不負責任實行內閣制他日即以此訂爲憲法如此辦理有六便（一）民國國體不變無須更待友邦之承認（二）現時以東海代理大元帥擇人組織責任內閣名正言順（三）西南服從較易統一（四）新舊人才皆可効用（五）議政資格可以限制（六）總統固定免致競爭有此六便不惟可解目前之糾紛且

可定永久之國本救黃炎之遺胄免致淪胥成周召之殊猷垂
諸竹帛時不可失勢有可乘祈將此函密商東海是否可行敬
希決擇是禱肅此　恭請　鈞安

代康有爲致梁啟超書 六年八月

有爲白梁生足下生之言論甚高而其行何卑且謬也古今中外無論爲君主立憲民主立憲必有締造之眞理貫注於政體中而其國乃豸譬諸人身饒有精神而其軀殼之男女飲食方得主宰故曰天君泰然百體從令君主立憲之眞理在大權統於朝廷庶政公諸輿論凡圖治之主無不以人民趨向爲從違天聽自我民聽天視自我民視民之所好好之民之所惡惡之反此者權必替國必亂經史可鑑也至於民主立憲全以人民爲主體以法律爲帝天壓抑人民違反法律卽爲大逆不道共和國先例具在也中華民國僅六年生與湯化龍已兩次行逆

矣方民國二年之違法解散國會也湯主謀生主筆慫恿項城以憲法爲名驅逐議士逮捕黨人生與湯換得司法教育二總長民憤不伸亂事踵起殺吾聰秀國人殆數十萬使生與湯能行其道卽視此數十萬生命如塵壒雖曰不仁尙可說也項城猜忌生與湯終被擯斥狼狽出國門嗚呼殺人利於己仁者猶不爲殺人不利於己乃忍心爲之不甚傎乎千夫所指不病亦死袁皇帝崩共和復活國會再生生乃不知悔復與湯設種種毒計結合國會中無智識無氣節之政客非破壞國會不止挑撥武人倚重外力於是已安已靜之中國不一月惡雲滿天洪波騰海叛軍朝起議士夕散紹軒約余褻議以爲假共和禍患

無已期何如眞立憲民命可長保生又藉口政體視此爲投機事業擁兵入京遂攫大位使生眞爲共和余無可言矣乃惡舊國會不利於己揚言曰民國已亡生與段氏復造之當別召臨時參議院改約法定議憲機關更國會選舉法千奇百怪之謬論皆生與湯爲自便計不思此議果行中國自此破碎憲法永無成期內亂糾紛流血千里生固不惜借外力平亂特苦我民永陷萬劫不可復蘇之孽海嗚呼何不仁之甚耶生戊戌以來以保皇自矢迄事勢稍變生遂賣疇昔所主以迎潮流癸丑生贊袁氏違叛民意迄袁氏積怨已深生又賣袁氏貪天之功以爲己力今日又贊段氏蹈袁覆轍置段於薪火之上生他日必

別有所適反覆叵測生固以爲因物付物余不爲袁段惜奈人民肝腦塗地何嗚呼何不仁之甚耶回憶草堂授課時余自謂得賢才而教育之內聖外王撥亂反正賴此乾坤一草廬耳數十年間亡者亡隱者隱僅生得志於時而陰很造惡又如此若不洗心自艾前日余視爲治國之草堂他日歷史上將視爲蓄蛇蝎養梟獍之淵藪嗚呼是亦羿有罪焉余復何言來日大難勉事聖君毋以我爲念

柏巖文存正誤表

册別	頁數	行數	字數	誤	正
卷一	第一	第九	安字上	又	乂
	第五	第九	瓛字下	冤	冕
	第七	第一	拔字上	撰	選
	第十	第八	任字下	讚	贊
			貞字上	祜	祐
		第九	正字下	眞	直
	第十四	七	敵字上	雖	誰
	二十八	十五	不字下	於死	死於
		十六	正字下	辛	幸

文存正誤表

卷					
	三十	十八	毒字上	茶	荼
卷二	一	九	之字下	眷	脊
	八	四	省字下	戎	戍
	十	六	井陘字下	五臺	故關
	十三	一	春字下	煊	蕢
		九	來字上	閒	間
	十九	十六	路字上	未	末
	二十一	八	存字下	祖	租
	二十五	五	顏字上	赦	赧
	三十三	十一	犬字上	肫	豚
	三十五	一	小注年字上	七	六

三十八	七	呼字上	嗚	嗚

文存　王昊長　二　趙柏巖集

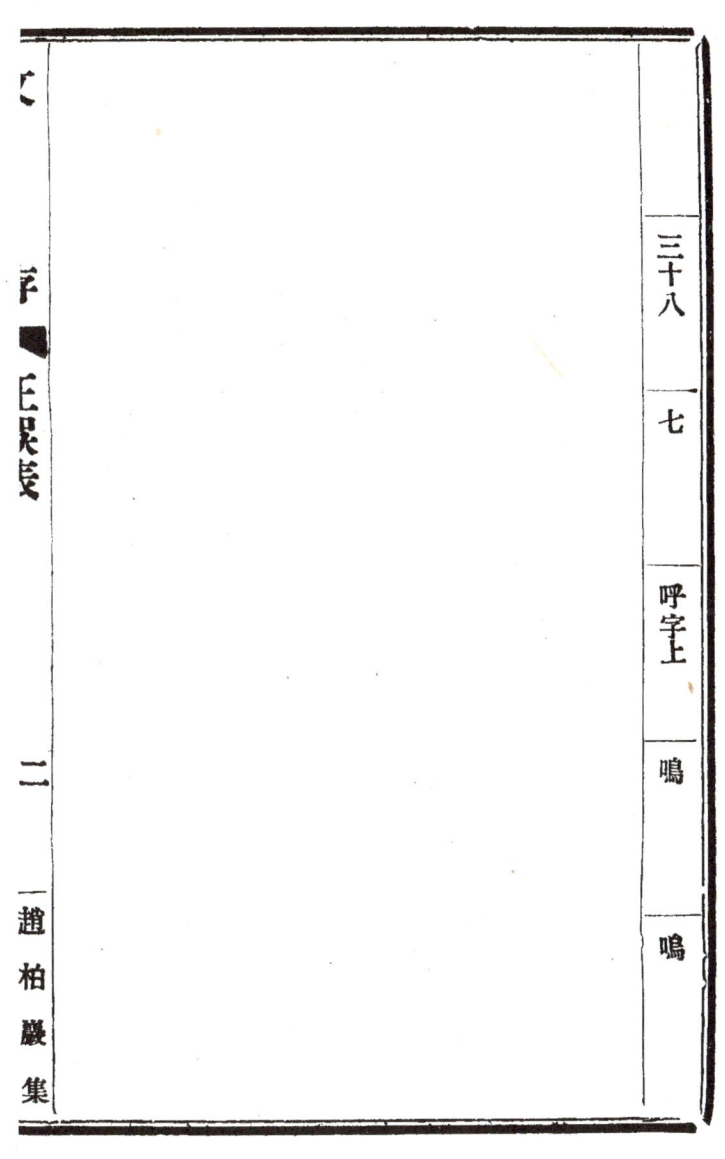

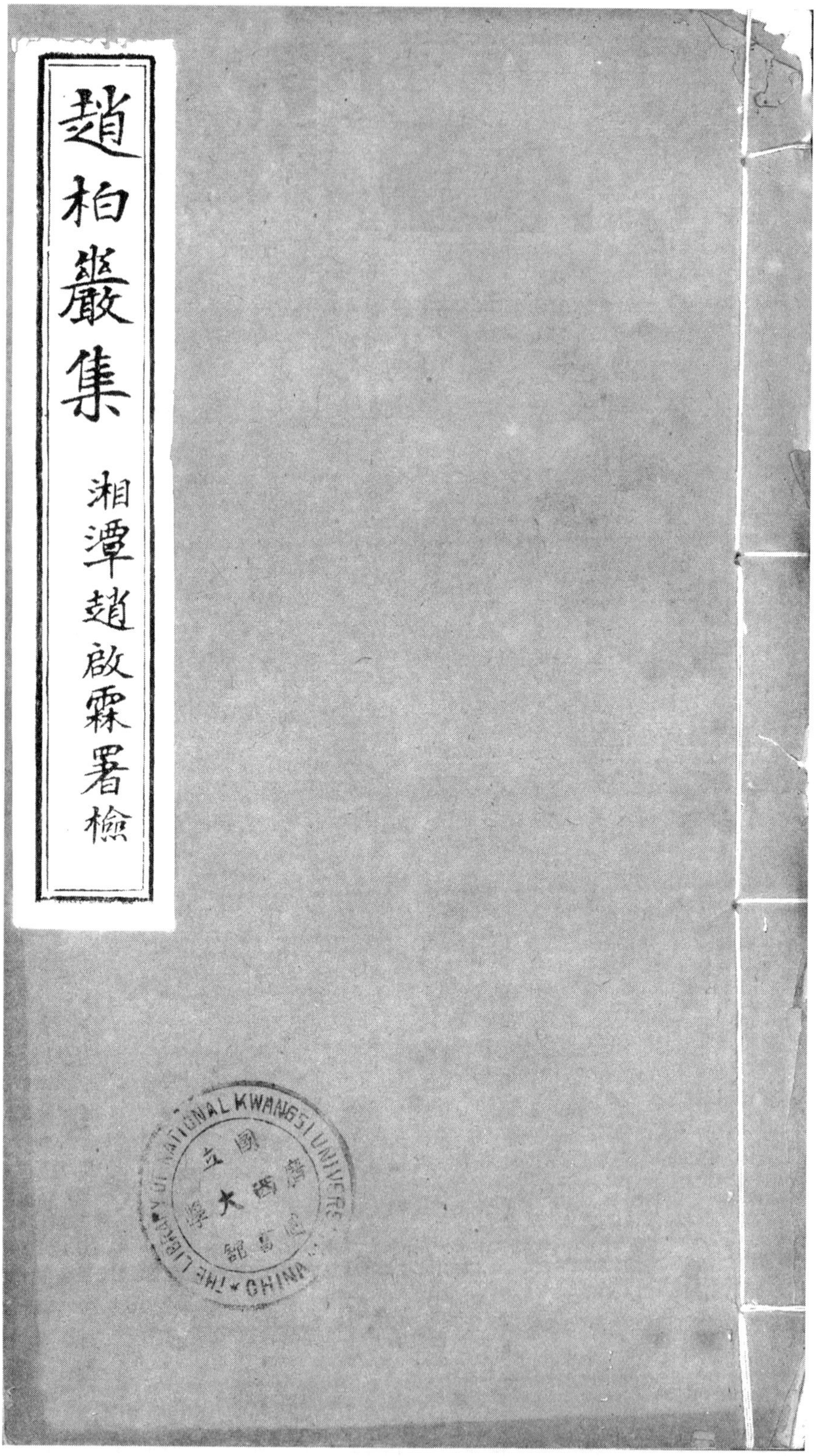
趙柏巖集
湘潭趙啟霖署檢

柏巖文存卷三　傳 壽序 行述 墓表

全州趙炳麟竺垣稿

先祖樂畊公家傳 謹合省志州志族譜及科名顯報錄纂成

公諱希尹字樂畊　儀賓公子也讀書慕范文正公爲人嘗爲學論云有經世之學有欺世之學學者不可不辨覈古今常變之務擥天地人物之理窮則垂訓弈禩達則道濟當時此經世者也卷局章句掎摭綺麗可盜紫竊靑不可濟人利物此欺世者也因薄科舉不就求有用學日力喜交天下豪傑　公父儀賓公爲桂王婿家極富儀賓公去世　公哀戀迫切仿丁蘭刻木爲儀賓公像飲食必薦出入必告今宗廟中巍然坐龕上者即　公所刻像也　公子僉事公方幼讀會　公築室鑿池有

少年工入觀僉事公讀依依不欲去　公詰之則寒士也　公試以聯云地邊去土著三水以爲池少年對曰四內出人增一王而成国　公大驚留偕僉事公讀後少年以科第顯官至大中丞蓋殷公從儉是也嘉靖間全州大饑而莫登庸擾粵邊人心大搖　公出粟賑之數千萬人悉仰活人心始定而全邑得無事州牧謂　公曰今歲民命賴公全他年再有是藉求如公者實難　公乃捐田千畝爲社倉以備荒歉牧上之省省達之部部議曰廣西乃猺獞反側地此必陽施美舉陰結人心者收公於獄民大寃集萬餘人將爲　公鳴　公使謂衆曰此非救我直殺我且汚以逆號也衆乃散訴於撫按僉事公諱孟豪者

以是年（嘉靖庚午）舉廣西鄉試撫按奏釋公明世宗頒樂善好施字獎之　公嘗以游歷不廣無以擴見聞因借經商溥覽天下名勝放米船編木牌將徧游中原方抵衡州而衡大疫　公解木牌悉爲棺槨施衡之貧而難葬者舟過湘潭饑民塞路　公罄米船數十艘糶之乃入晉僉事公成進士由刑部郎出守太原公商裝廉察之聞頌聲滿人口乃返入南京訪其友寧國太守得五百金江南某生上書忤嚴嵩黨下獄　公罄貲贖釋之歸捐己產損益范文正公規則立義莊設義學所育人才稱盛儀部全公賜僉憲蔣公時行皆肄業義學以致通顯者也族中有貧不能婚嫁者　公必給銀以助養牛百餘頭春耕里中乏牛

向公貸用公無不允者遠近慕公義曲直是非得公一言立解僉事公累任提學道　公勉云方今國運日微民風日下由於人才衰也而人才所以衰由於不求實學尙揣摩以博一第及出而問世中本無主一遇非常之事則忯然驚紛然亂矣政事敗壞以此風俗頹隳亦以此茂才者士夫出身之基是學道即培養人才根本當求通今博古明體達用之人爲天下國家用毋徒以闈制藝飾韻語遂爲盡學道職也夏間衣葛衫坐塾中與諸生講學咸謂清風從座上生年七十八卒書簡戒子孫曰士農工商所以立汝身也當勉之聲色貨利所以害汝身也當節之仁民愛物雖匹夫亦榮誤國敗名雖公卿亦辱世路自險

理則夷也積善者昌積惡者亡敬之敬之天維顯思自　公至今十三世科名仕宦代相繼云

叔先祖節愍公家傳合廣西通志江西通志全州志復社姓名錄彙成

公諱三薦字光綸僉事公季孫也少以道義自任事翔宇公稱孝焉崇禎三年庚午登廣西鄉試第一人求義理學益力嘗曰士大夫不敦實行好持空談昧公義而執私心見小利而忘大害敗壞國事者不在流寇在黨人也因淡進取讀書廣覺寺中遠近爭受學旋以當道累薦授江西瑞昌令抑土豪緝宿盜興利除弊終年大治頌聲遍江右升九江同知與吳先生次尾倡立復社發明正學甲申李自成陷京師崇禎帝崩於煤山公聞北信哀慟欲絕未幾宏光帝立擢公巡道兼按察僉事九江當數省衝盜賊接踵公仿横渠邊議編集民兵保衛鄉里練靖江

兵專捕水盜有盜魁某家巨富徒黨滿潯陽境爲公捕獲將置重典其徒願以黃金等身贖罪公不許斬而梟之盜賊稍歛其徒銜公深伺公巡江伏水底刺公爲靖江兵捕斬之乙酉左夢庚兵變公率數騎巷戰不勝乃與督師袁公繼咸同被執公及長兄三英公（明歲貢生）同以不屈赴水死本朝　褒遺忠予諡節愍公二子長宏文康熙癸卯舉人任山東莘縣令次昌文康熙丙午舉人任江西山陽令皆以清白振其家聲云

叔先祖南石公家傳

合省志州志及　公文集纂成　公文集未刊印抄存宗祠謹擇精要者詳注於篇以存公之遺著云

公諱獻素爲學務平實慕王文成之爲人宗其學派嘗廬圭山之南注經評史講學不倦圭山者吾郵後大山片石嶔崟歸然雲表時人以公居山南稱公南石先生第萬歷壬子科鄉試授修仁教諭修仁榛莽未闢人不知學公結茅爲舍日與諸生談義理爲叙學論以教諸生

論曰性無不統心無不宰氣無不充人以是而生故才無不全矣其或不全賦質之駁俗習之汙學術之差非才之罪也今之去古也遠矣衆人之去聖人也下矣幸而不亡者大聖大賢垂訓淑人之書也學者以是性與是氣與是心即書以求之俾邪正之術明誠僞之辨分先後之品節不差篤行而固守之質漸以變習漸以除謂其才之不能全吾不信也故今爲陳讀書爲學之次序先後三代之書六經四書耳世變既下風俗日壞學者與世俯仰莫之致力欲其才之全得乎三代之學大小之次第先後之品節雖有餘緒竟亦莫知適從惟當致力六經四書世以語孟爲學問之始而不知語孟乃聖賢之成終者所謂博學而詳說之將以反說約也聖賢以是爲終學

者以是爲始所謂顏狀未離乎嬰孩高談已及於性命者也雖然句讀訓詁不可不通惟當熟讀不可强解優游諷誦涵泳胸中雖不明了以爲先入之主可也必欲明之不鑿則惑耳六經既畢反而求之自得之矣治六經必自詩始古之人十三誦詩蓋詩吟咏性情感發志意中和之音在焉人之不明血氣蔽之耳詩能導性情而開血氣使幼而常聞歌詩之聲長而不失刺美之意雖有血氣焉得而蔽也而後治書書所謂聖人之情見乎辭者也即辭以求情情可得矣血氣既開情性既得大本立矣本立則可以徵夫用用莫大於禮三代之禮廢矣見於今者漢儒所習之禮記周公所著之周禮也二書既治非春秋無以斷也春秋以天道王道斷天下之事業也春秋既治則聖人之用見本諸詩以求其情本諸書以求其辭本諸禮以求其節本諸春秋以求其斷然後以詩書禮爲學之體以春秋爲學之用一貫本末具舉天下之理窮理窮而性盡矣窮理盡性以至於命而後學乎易易也者聖人之所以成終而成始者也學者於是刳心焉是故詩書二禮未明則不可以學春秋五經未明則不可以學易夫未知其粗者則其精者豈能知也未盡其邇者則其遠者豈能盡也學者多好高慕遠求名而遺實躐分而遠探躐等而力窮故人異說家異傳聖人之意晦而不明也六經自火於秦傳註於漢疏釋於唐議論於宋日起而日變學者亦當知其先後不以彼之變而變吾之良知也近世學者往往舍傳註疏釋便讀宋人之議論蓋不知議論之學自傳註疏釋出特更作正大高明之論爾傳註疏釋之於經十得其六七宋儒用力之勤剷僞以眞補其三四而備之也故必先傳註而後疏釋疏釋而後議論始終原委推索究竟以己意體察爲之權衡折之於天理人情之至勿好新奇勿好僻異勿好詆訐勿生穿鑿平吾心易吾氣充周發微無使虧欠若發强弩必當穿徹而

中的若訊重囚棒棒見血而得情毋慘刻毋細碎毋誕妄毋臨深以爲高淵實昭曠開廓懇惻然後爲得也六經既治語孟既精而後學史先立乎其大者小者弗能奪也胸中有六經語孟爲主彼廢興之跡不吾欺也如持平衡如懸明鏡輕重寖颺在吾目中學史亦有次第古無經史之分詩書春秋皆史也因聖人删定筆削立大經大典即爲經也史之興自漢氏始先秦之書如左氏傳國語世本戰國策皆掇拾記錄無完書司馬遷大集羣書爲史記上下數千載亦云備矣然而議論或駁而不純取其純而舍其駁可也後世史記皆宗遷法大同而小異創法立制纂六經取三代之餘燼爲百世之準繩若遷者可謂史氏之良者也班固前漢史出於遷而書少加密矣東漢史成於范曄其人詭異好奇故其書似之然論贊情狀有律亞於遷固自謂贊是吾文之奇作諸序論往往不減過秦則比擬太過三國陳壽所作任私意而好文奇功偉績往往削沒非裴松之小傳一代英偉之士遂爲所誣後世果有作者必當改作以正壽之罪奮昭烈之幽光破曹瞞之鬼賊千古一快也晉史成於李唐房杜諸人所作歸美太宗耳繁蕪滋浸謎談隱語鄙泄之事具載之甚矣失史體三國過於略而晉書過於繁南北七代各有其書至唐李延壽總爲南北史遺詞記事頗爲得中而其事蹟汚穢雖欲文之而莫能文矣隋史成於唐興亡之際徵訐好惡有浮於言者唐史二舊書劉昫所作固未完備文不稱事而新書成於宋歐諸公雖云完備而文有作爲之意或過其實而議論純正非舊書之比也然學者當先舊而後新五代二書皆成於宋舊則薛居正新則歐陽子也新書一出前史皆廢所謂一洗凡馬空者也宋金史皆未成金史只有實錄宋史纂錄甚多而東都事略最爲詳備是則前世之史也學者必讀歷代全史考之興廢之由邪正之迹國體國勢制度文物坦然明白時以

六經旨要立論其間以試己意然後取温公之通鑑宋儒之議論較其長短是非如是可謂之學史矣學者往往全史未見急於要名欲以爲談説之誇齒頰之備至於通鑑亦不全讀鈔撮鈎節通鑑之大旨温公之微意隨以昧沒其所以成就亦淺淺乎史既治則讀諸子老莊列陰符四書皆出一律雖云道家者流其有至理存取其理而不取其寓可也素問一書雖云醫家者流三代先秦之要典也學者亦當致力孫吳姜黃之書雖云兵家智術戚陳之事亦有名言不可棄也荀子議論過高好奇致有性惡之説然其王霸之辨仁義之言不可廢也管子一書霸者之略雖非王道亦當讀也楊子雲太元法言發孔孟遺意後世或有異論者以其有性善惡混之議劇秦美新之論事莽而簒漢韓子謂其文頗涉滯澀蘇子謂艱險之辭文膚淺之理而温公甚推重之以爲在孟荀之上或抑或揚莫適所定雖然取其辭而不取其節可也賈誼董仲舒劉向皆有書惜其猶有戰國縱横之餘習惟董子三策明白純正孟軻之亞非劉賈所企也文中子生於南北偏駁之後隋政横流之際而立教河汾作成將相基唐之治可謂大儒矣其書成於門弟子董薛姚竇之流故比擬時有太過遺詞發間甚似論語而其格言至論有漢儒所未道者亦孟軻之亞也韓子之書典正純麗李唐一代之元氣也與漢氏比隆矣其詆斥佛老扶持周孔亦孟軻之亞也諸子既治宋興以來諸公之書周程張之性理邵康節之象數歐蘇司馬之經濟往往兼漢唐而踵三代尤當致力也孔子曰志於道據於德依於仁矣藝亦不可不游也今之所謂藝與古之所謂藝者不同禮樂射御書數古之所謂藝也今人雖致力而亦不能世變使然耳今之所謂藝者隨世變而下矣雖然不可不學也詩文字畫今所謂藝亦當致力所以華國所以藻物所以飾身無不在也學詩當以六藝爲本三百篇其至者也

三百篇之流降而爲詞賦詞賦本詩之一義秦漢而下賦遂專勝離騷楚詞其至者也至三都兩京盛極矣然對偶屬韻不出乎詩之律所謂源遠而末益分者也魏晉而下詩學日盛曹劉陶謝其至者也隋唐而降詩學日變變而得正李杜韓其至者也故作詩不能三百篇則曹劉陶謝不能曹劉陶謝則李杜韓而乃效晚唐之委爾溫李之尖新盧仝之怪誕非所以爲詩也至於作文六經之文尙矣不可企及也先秦古文可學矣左氏國語之頓挫典麗戰國策之清華刻峭莊周之雄辨穀梁之簡婉楚辭之幽博太史公之疏峻漢而下其文可學矣賈誼之壯麗董仲舒之冲暢劉向之規格司馬相如之富麗揚子雲之邃險班孟堅之宏雅魏而下陵夷至於李唐其文可學矣韓文公之渾厚柳宗元之光潔張燕公之高壯杜牧之之豪縱元次山之精約陳子昂之古雅李華皇甫湜之溫粹白樂天之平易陸贄李德裕之開霽李唐而下陵夷至於宋其文可學矣歐陽子之正大蘇明允之老健王臨川之淸新蘇子瞻之宏肆曾子固之開闔司馬溫公之篤實下此無學矣學者苟能取諸家之長貫而一之以足乎己而不蹈襲窘促時出而時晦以爲有用之文則可經緯天地輝光日月也字畫之工拙先秦不以爲事蝌蚪篆隸正行草漢氏而下隨俗而變去古遠而古意日衰魏晉以來其學始盛自天子大臣下至處士往往以能書名家變態百出法度備具遂爲專門之學故宋高祖病不能書不足厭人望劉穆之使放筆大書亦自可人一紙可三四字其風俗所尙如此至於李唐學者愈衆字畫於士夫固爲末技而衆人所尙不得不致力學者苟欲學之篆隸則先秦款識金石刻魏晉間石刻唐以來李冰陽等所當學也正書當以篆隸意爲本有篆隸意則自高古鍾太傅王右軍其規矩準繩之大匠也歐率更張長史李北海徐浩柳誠懸楊凝式蔡君謨米芾黃魯直萃之

以厲吾氣參之以肆吾博可也雖或不工亦不俗矣技至於不俗則亦已矣如是而治經治史如是而讀諸子及宋興諸公書如是而爲詩文如是而爲字畫大小長短淺深遲速各底於成不與草木共朽碌碌以偷生孑孑以自蔽小天之至善壞己之全材也勗哉

諸生聞教久悟曰人而不學知識庸陋其於草木相去幾何於是務學者漸衆公在任六年首薦四次天啟甲子聘爲雲南同考官所得多名下士崇禎戊辰以登極恩除國子監助教己巳擢刑部主事旋調禮部黃公玉崙爲冢宰以公誠實無私咨調銓曹尋遷工部員外郎及戶部郎中公綜核名實稽查浮款帝嘉其才擢光祿寺少卿西寇北犯帝以公誠樸可恃命總理山西糧儲監督雁門關大壩草場兼管屯種鹽法掌廠諸閹向多掣肘公嚴稽芻料清核皮臟羣閹憚之丁丑改甯武道駐劄代州初至任所見各營支餉先後懸殊

知有陋例商請於部斷至七月初一始支餉齊一諸將大譁公力持不撓諸將見公之平而畏公之堅感公之多方爲己措餉乃從其議舊弊悉革邊衆紲乏兵將歉食公請以本鎮四十二年積滯淮引聽各商納粟自領釐官役需索侵蝕之弊邊商利之爭納粟領引驟得米六萬五千餘石溢舊額者五萬石晉撫宋又希道經平刑關見倉粟充滿十倍昔時嘆曰凳塞庾者盡如南石先生何患不兵飽馬騰指顧平賊耶因奏獎之戊寅公上救荒鹽政二疏帝納之下部施行詔曰趙獻素才能朕甚喜著調回京不必循例即充現開太僕寺卿缺報未至而西寇愈熾太原兵及居守各兵索餉至急京運民運以道路梗塞頻年

荒旱皆不能繼帝命帶新銜留山西辦事公搜括庫餘給秦晉
援兵蕩掃倉粟給塞上戍卒未幾
大清兵進鉅鹿之賈莊督師侍郎盧象昇死之晉兵潰回索餉
愈急洶洶欲變公典已衣物籌諸富民撫綏犒賚地方賴以安
輯帝聞而嘉之予三品俸食公査知糧道署中舊有穀價一項
各營久借歲取子錢年以巨萬計爲山西書吏工食及道署公
費饑軍苦不能出往往啟釁而官恃爲利卒不肯去公毅然裁
之軍士喜曰趙公淸官吾輩敢不效力耶總督孫傳庭察公員
誠廉潔奏請大用而羣閹惡公譖之公與孫傳庭善屢以驕兵
留邊非譁則逃不惟無利且有大害等語陳於傳庭傳庭以其

言上對爲楊嗣昌所劾下傳庭獄論死公嘆曰敵驕盜熾奸人
擅柄事不可爲矣公持籌握算日夜焦勞身弱成疾上疏乞休
帝允其奏加吏部侍郎公遂歸里居石溪在西延大山中日以邱壑自樂
未幾煤山耗至公聞大哭爲痛心吟十二篇嘔血而卒

先君柳溪公行述

哀啟者嗚呼　先君逝矣　先君之生平不可以不叙　先君爲先祖典臣公之子　先祖母曹太夫人所出也　先君方六歲　曹太夫人去世　先祖典臣公兄弟四人　典臣公序最少　先伯祖三人皆無嗣僅典臣公生　先君一人　典臣公遂以　先君爲　先伯祖南山公後　先君事親極孝敬少時際金田之亂家鄉兵燹相望　先祖典臣公及　先伯祖母閻太夫人攜　先君避亂大山中恆月餘不得米穀　先君以上半日採蕨根充父母食以下半日從　典臣公受經其六經四子書皆在大山中畢讀者也迄髮亂底定家鄉肅清　先君始

從名儒劉燓臣先生受古今文法第己卯鄉試北闈屢試屢屈乃授讀桂林湘水之間以經術教士嘗曰制藝本無關世用然研覈經史俾古今治亂得失之本洞徹於胸而後作爲文章光焰萬丈今日可爲制藝他日亦可見實用此所謂言行合一也故教士必以讀經史爲主弟子多掇巍科者光緒庚辰辛巳閒太夫人及　典臣公相繼去世　先君哀痛迫切嘔血數升典臣公既以　先君出繼　南山公晚年僅生　先父鍾霦公數歲而殤　先君嘗慟　典臣公之無後不孝炳麟甫生即以轉繼　鍾霦公爲　典臣公後不孝炳麟自七歲從　先君受讀日夜依依膝下　先君訓曰學以立身汝輩其考求古聖先賢修

身治世之大經大法毋徒以科名爲念不孝炳麟十四歲畢十三經皆　先君口授也　先君家居以授徒爲樂已絕意仕進不孝炳麟年十五第辛卯鄉試　先君以炳麟年穉親率北上壬辰　先君第進士因目疾停殿試癸巳復率炳麟至京太僕寺少卿岑雲階先生爲其子擇良師聞　先君品學聘訓其子卽旌表孝行國史立傳之岑君德固也甲午　先君補殿試引見以知縣卽用當是時　繼祖母楊太夫人年七十　先君曰吾　繼母老矣遠省不能迎養可宦者其湖南乎乃從雲階先生假五百金指分湖南　先君性樸訥而當道喜風華至湘時無一差一委乙未炳麟擢翰林乞假歸省與雲階先生同乘輪

舟渡江雲階先生謂炳麟曰令尊不久必得意新簡湘撫陳右民喜樸誠任事者也炳麟至湘　先君以查案赴新化蓋新化富紳某造私刑立遷善所冤殺平民爲言官糾發下撫按治前委數員赴查率潦草塞責陳右民中丞欲必得實情問樸誠人員於俞廙軒廉訪俞廉訪以　先君對　先君遂受委微服至新化盡廉得實跡始謁縣提案富紳懼許　先君三千金爲之轉圜　先君卻之拿解富紳入省陳中丞大喜俞廉訪亦保之丙申正月遂以　先君署益陽　先君赴任時奉陳中丞密札查辦幕友經商事並諭以查出之款提半酬勞　先君接篆後傳典商至署調簿確查知劣跡皆子虛遂詳稟爲之昭雪益陽

饒錫鑛陳中丞派曾君昭吉勘辦而土人溺風水之說聚衆阻撓　先君親赴鑛山婉詞開導有會黨尹左溪者藉端肇事集二千人圍鑛局將刼委員而殺之　先君力說利害衆皆曰此趙父母吾縣清官也今日毋殺委員累趙父母頃刻而散　先君立卽會營嚴拿會黨之惑民者辦二人而錫鑛卒開丁酉補湘陰先行赴任時湘陰新立電線鄉民多毀之大府有拿誅一二以示嚴懲之意　先君曰此愚民之無知也親赴鄉告以設電線之利毀電桿之罪沿途講解民爲之化卒未辦一人而民不毀桿庚子義和拳起北方大亂湘陰四都元塘局愚民祀馬山神言神能教人打法不畏刀鎗火礮數日間傳集數百人

先君立捕其魁衆爲之散辛丑調署常甯教堂林立民教往往滋事　先君事無偏畸民教皆服之會匪劉老五聚數千人於豬瀼窿揭竿將發　先君會營往勦擒魁焚巢民賴以安壬寅升補南洲直隸廳該洲地屬新淤文教闇然　先君到任籌常款二萬餘金立中學堂選學生四十名研中西普通學廳屬麻河口新港市一帶故屬淮鹽引地先因髮逆披猖道路梗塞居民不能淡食因借銷川鹽至今數十年矣現以軍餉難籌兩淮奏加引額湘省奉派加銷淮鹽三萬引緝私北旗長陳時泌稟請禁絕川鹽收回引地川商失業食戶被擾幾激民變　先君曲爲調停稟請令川商配銷淮引明定限期潛移暗長逐漸

配多久之川私去淨淮引暢行商人無失業之虞居民無禁食之擾待至限滿久假不歸之引地亦不勞而收回大吏嘉納居民行戶感激稱頌廳治三十里外之三仙湖原設釐卡收進口稅去年有聚歛委員某稟請在廳添立分卡位置其叔凡貨船一征之於三仙湖再征之於廳卡搜括繁瑣商民病之幾有罷市之舉　先君立傳商董勸導稟撤局員分卡商民賴以安業南洲地皆官荒發照承佃方新設廳治時發照無定章或淤地多而照數少或淤地少而照數多轇轕牽聯民訟紛起　先君定數法曰地多照少者補照曰地少照多者待淤民訟爲之清是廳五方雜處並無土著客籍渡湖來者謂之南人不渡湖來

者謂之北人於是南北之分竟成水火各處堤工皆豪棍包修名曰總首按畝派錢惟總首命是聽往往錢已出而堤未修及水大土崩則又向田主歛費極其勒索南方新籍因是傾家者纍纍　先君曰西人數萬里來異國殖民尙有朝權保護是間風俗若此不爲除暴安良朝廷焉用此官哉一切公所均罷土豪而用正紳強暴爲之歛跡是廳無　文　武廟　文　武兩聖牌位封置泥臺中　先君春秋往祭深爲棖然欲修廟祭文　武聖即以爲師範學堂集紳商共議衆皆簽諾欣然願籌款舉辦而亘痞孟芝瑞段祖樂者素攬一方之大權魚肉良弱凶恣不制爲　先君所抑心憾久之遂以歛費控　先君大吏

批駁令　先君嚴拿管束孟段始遠遁而　文　武廟於以得
立繼欲立農工局聘某日人爲教習改良農事振新工藝志未
成而　先君去世　先君理民事十年任繁劇四處所在必查
保甲以清良莠每問一案必兩造均服始具結幾乎刑措不用
又爲兩造防後累結稿必親手定往往結一案定一稿舌敝唇
焦汗流滿額不以爲苦必使民無後患而後已凡下鄉輕騎減
從夫馬必自給遇有儒者殷殷訓誨如教弟子而極惡盜痞嚴
法治之不少貸濱湖匪黨畏而斂藏是以歷任巡撫多奏保之
先君之教炳麟也自少及壯皆期爲世用炳麟當翰林
先君訓曰翰林者　朝廷儲養相才之地當究中外古今强弱

利病之所在一旦得志胸有把握處之裕如倘不學無術遇事忙然無據未有不倒行逆施者因撰翰林說以爲炳麟程式及炳麟以御史用　先君訓曰御史爲朝廷耳目喉舌言事須關大局確有所見能言能行專務參劾者險撫拾浮議者鄙汝其愼之集古來賢諫官三十人傳爲炳麟法集古來劣諫官五十人事爲炳麟戒命曰御史法戒錄炳麟之依　先君也自七歲至十八歲未嘗一刻離左右甲午以後　先君官湖南炳麟官北京違色笑者動輒數年庚子之變南北音信不通　先君慟哭數月命數人分往天津上海間尋炳麟蹤跡又電致岑雲階制府問炳麟消息四處皆無耗哭愈慟迄九月炳麟回湘陰署

先君始釋然曰吾得見汝是吾又生一子也辛丑十月炳麟自行在請假省 先君於常甯聚處甚驩炳麟不欲入京 先君曰汝既爲京官吾年力未老豈可戀家庭之安而忘供職之義耶促之行炳麟北上已離衡州二日至雷家市忽聞途人言 先君因公事自常甯到衡州炳麟遂泊船江岸乘小划趕回衡州復謁 先君於衡市店中歡聚二日乃別嗚呼不圖迴雁峯前竟 先君與炳麟一面永訣之地也癸卯以後 先君屢欲至京與炳麟聚處去年十二月 先君請咨赴引而大吏留之今年四月再請咨赴引行裝已具矣而大吏復留之皆以南洲事務繁重藉資熟手爲詞 先君遂不得脫身至京炳麟

上一策於　先君請　先君捐升郎中同官京朝炳麟有所稟承或無隕越　先君大喜定於七月力請開缺至京捐郎中而月初　先君竟忽然而逝嗚呼慟哉蒼蒼者天何不假之緣耶

先君體極康强心血過人自爲吏十年事必躬親不孝炳靈以西醫法量之血之紅絲輪年減一年近來常言大指二指尖麻木不孝炳麟考醫書寶鑑有云人患手指麻木者三年內必有中風之疾是以炳麟兄弟勸　先君罷官者先後至百餘次　先君恒以無病辭之不孝炳麟在京接　先君六月初九日信尚云身體康健百病俱無忽於七月初六日得父中風速回之電即自火車輪船趕至岳州寫船渡湖而船家皆云湖滿水流待東

北風順風則開無風難濟七月西南風多須七八日方可過湖炳麟號泣湖上者半日覓得一小划扶搖以渡日夜遄行馳回署中而　先君已於炳麟得電之日去世至是九日矣嗚呼慟哉生未盡祿養病未侍湯藥歿未視含殮蒼蒼者天何不假之緣耶炳麟詳詢病症　先君於七月初三日二鼓得病是日飲食談笑均如平常不孝炳麟於六月十三日上疏請考定憲法變通政體以固國本將稿寄呈　先君覽並將日俄議和消息及六月十四日考求各國政治　上諭同緘寄回　先君於初二日接到尚欣欣然喜曰中國人做事如土偶木偶有形跡而無精神倘事事考察本原統籌全局法出必行禁出必止天下事

尙可爲也初三早坐堂皇問結三案夕與幕賓侃侃談中外事者半日晩飯後尙催不孝炳靈開西藥醫孫女病二鼓食粥入房忽一坐不起口不出聲不孝炳靈侍側詳細考驗此中國所謂中風西醫所謂血湧入腦因平日用心太過血管生囊一旦囊破血潮腦筋迷漫十救一二蓋中風有二症一曰血管阻塞此症輕易治一曰血湧入腦此症重難治且治法須割耳後使血外出以哥羅新巴豆油迦路米等瀉藥令血下行皆極危險炳靈未敢自治立請中醫治之用薑附桂枝之屬驅逐風寒而皆不應至初六日寅刻遂去世嗚呼慟哉此皆不孝等之罪也 先君臨終時口不能言神氣蕭索時時伸其手之大指家人告曰

已有電寄長男不久卽歸矣始瞑目而逝嗚呼慟哉不孝等何罪孽之深且重耶不孝等慟不欲生本欲從　先君於泉壤惟以　重闈在堂無人奉養不得不稍延殘喘以妥　先靈不孝炳靈將奉　祖母　慈親歸養淸湘聊慰　先君於地下不孝炳麟廬墓以居藉補生前離別之憾茲當五中瞀亂言不成文謹叙錄　先君平生敬呈臺覽伏乞矜鑒光緒三十一年七月棘人

趙炳靈麟熙泣血稽顙

陳中丞傳

陳中丞名寶箴字佑民江西義甯人也慷慨有遠志咸豐辛亥舉於鄉時髮匪四擾公從其父治鄉團其父勞瘁卒公哀痛急切病狂數月見者悲之病愈起而曰殺賊安民吾父之志也乃整團郤寇江團稍稍著尋與易佩紳羅亨奎率勇千人號果健營拒寇於湖南北之來鳳龍山間渠魁石達開發十餘萬賊兵來犯死守累月公間道走澧州永順募餉天大風雪衣單布衣馳驅冰中永順張守憐之取狐裘贈公公卻曰軍士無衣久矣何忍獨煖張爲流涕召父老輸助餉團勇得食戰守彌力寇不逞引去曾公國藩以兩江總督開幕府於安慶羅致豪傑公著

布衣謁曾公於皖談天下利病如示諸掌曾公奇之欲招於幕公欲親戰事謝去席寶田方治軍江西江西當寇衝糜爛幾盡他軍多觀望寶田雖無大略而兵尚可用公遂就席軍巡撫沈葆楨惡席之爲人事多掣肘公說葆楨曰天下事亟矣大丈夫當求和衷以濟危難未可執持意氣誤軍國事也葆楨韙之增寶田軍遇僞王洪福瑱戰大克福瑱欲竄閩公告寶田曰楊家牌爲寇出路密遣兵待之可破而擒也寶田從其言果獲福瑱於楊家牌公以軍功擢知府分發湖南寶田征苗公從入黔出師料寇悉中機竅苗亂既平巡撫王文韶識公能委辦善後諸事公請定亡苗空地爲屯田以實邊而黔吏格之請不果行後

數年議者謂屯田實大利公曰苗亂甫平地荒無主行之則易今久爲流民佔奪之亂矣甯遠有歐陽氏者土豪也械鬭殺數十百人獷悍剽奪縱橫無忌文韶慮爲巨患奏屬公按治方入境歐陽氏男婦蟻聚且行且詈公瞥見輿左一人頎身長鬚微笑而來觀者時仰其面命衛士執其人斬首以徇衛士拔刃其人出不意伏地請死道旁父老百餘逡巡隨跪公曉以利害杖而釋之自是道路肅然抵縣徐設方略緝獲大猾二十一人皆伏誅爲立團規族約以維其後迄今甯遠民數亂獨歐陽氏無干紀者光緒元年署辰沅道所轄多苗境公至淸吏治懲苗酋地方賴以安民故貧困公教民植茶種竹招人製鉋令以鉋薯

爲糧名曰薯絲民藉此充食不重困故事州縣歲納陋規曰節壽公欲裁之慮無以爲繼任者地悉所入鑿沱江使百里外舟得畢達公名大著中外大臣爭論薦尋以母憂去服闋授河北道屬地河堤亘千里沁水夾之湍激爲患公疏鑿開導河不爲災河北人質直寡學公立致用精舍課之俾知古典達世務河北風俗爲之大變遷浙江按察使前在河北道時以王樹文案失入開封知府唐公咸仰及知縣張亨嘉憫樹文之寃也訟於京朝言官發之公抗疏申辨詔命閻敬銘察勘公坐是奪職光緒十一年法人擧釁兵部尚書彭玉麐視師粤東奏請以公從行得　旨俞允公以病辭十二年兩廣總督張之洞復奏調始

至粤旋以河決鄭州　詔命大學士李鴻藻持節河上督塞決口而　命公佐之公建議宜興宵工避盛漲鴻藻不納十五年王文韶再撫湖南薦公可大用　召入都明年　授湖北按察使視事三日改署布政使逾年還本任湖北囤戶誘掠婦女輸賣爲利猾胥羣盜附爲爪牙出沒襄陽安陸施南諸郡縣公陰選健吏四出搜捕擊斬數十百人奸風頓息二十年擢直隸布政使時中東搆難公入　朝覲見　上疏言畿防事宜命督東征湘軍轉運二十一年擢湖南巡撫公至以清吏治除弊政開利源育人才爲己任舉廉吏數人劾墨吏數十羣吏懍然創設礦務局別其目曰官辦商辦官商合辦常寗之銀益陽之銻平

江之金遂爲民利設官錢局鑄銀圓局又通電算接鄂省至湘潭官民咸便之粵漢鐵路議興當假道湖南咸慮湘民不從盛宣懷持以相商公曰湖南亦王土也誠便大計必力任遂勘湘路英人索商埠於湘潭公固爭以岳州易之密陳籌餉項振海軍聯與國各疏　上皆嘉納公仿巡捕制設保衛局立時務學堂考究西政湘人素惡外交公主持新政甚力以此獲謗而京中參預新政之楊銳劉光第譚嗣同皆公所薦戊戌八月參政就戮公以濫保非人落職及其歸也路出湘陰　家君爲湘陰宰扁舟謁公於洞庭公戴素冠服青褂出見再三屬曰爾官聲好極努力爲之始終如一爲上爲國爲下爲民使千百世後知

賓篋所用之人多清官受賜多多矣其不忘　君民有如此者
歸南昌數年卒

江京卿傳

江京卿名標字建霞江蘇元和人也三歲失怙賴其母以育七歲就傳其母織紡以供學資標長事母孝敬慮名之不揚無以顯其親也爲學愈力第光緒己丑進士改庶吉士博極羣書窮覽六略嘗閔國運日蹙而外患之無已時也慨然曰今日欲亨世屯非詳考各國形勢利病欲交涉措施之適當難矣乃與弟衡詣同文館習外務散館授編修出使英法大臣薛福成知標之博通古今也薦標及王同愈曾廣鈞可備使才記名樞府標於是益究世務率時務諸士立强學會於京師尋　放湖南學政湖南多氣節之士强幹可任而惡談西藝獨烈標欲開其風

氣擴其心智創刻湘學報學分數門曰經曰史曰天算曰時務取士喜新奇文不合於常格湘人以此謗標任滿回京路過申江遇日本人某談亞洲大局秉燭繼夜標曰中日文字同種類同風俗同壤地相近教派合一當和衷努力約從相依庶無脣亡齒寒之懼若同室操戈互相殘賊所謂韓盧東郭徒利田翁也日人起而曰然哉然哉韓魏相爭齊楚搆難此六國之所以併於秦也吾輩當僇力自强共維大局乃立東亞同文會中日士商聯名者以萬計標至京會變法議大行標嘗與江右陳熾洮陽趙炳麟宴於江亭酒闌巡行階除看西山巧老葦海青漪風泠泠然自東南來熾笑曰如此好江山使之奠如磐石者誰

也標問曰新政大行二公以成敗何如炳麟曰天下之事難與圖始非常之舉久而後效今民利未興而謠諑四起不久即敗耳標熾合贊曰然歟所見略同也未幾標得其母書言年老多病即請假歸而朝廷知標名擢四品京卿在總理衙門行走標未就職新政果敗言官見其擢官也劾之落職標奉其母居於家絕口不談時務數年卒

陳農部傳

陳君名熾字次亮江西人也以孝廉爲戶部郎久植樞垣留心天下利病深研經濟學嘗以學問之道非游歷多見聞廣不足濟大艱任大事興革大利弊乃仗劍游海疆足迹滿天下歸著庸書內外百篇言綜名實故以名實篇託首其於審官牧民興學理財平律治兵籌邊反復於古今盛衰之故中外名實之科治亂之條貫備矣而於風化治本尤欽欽致意焉甲午以後士大夫鑒遼東之戰稍稍談振作農部慨然曰京師者天下之首善也移風易俗必自根本起乃與元和江標南皮張權江右陳三立文廷式熊亦奇等數十人立强學會於京中購書籍備儀

器將在研實學而開風氣尋爲御史楊崇伊所劾得旨封錮翁常熟相國密奏曰教育人才自强之本未可阻遏使天下寒心而御史胡孚宸亦以書局有益人才請詔總署議行乃改强學會爲官書局京師之有官書局此其起點也熾又以各國之强皆原於富著富國策於物產製造商務言之娓娓後以世變日鉅鬱鬱不得志酒前燈下往往高歌痛哭若癡若狂歸江西數年卒

趙炳麟曰世之將治也豪傑有志之士率皆雲興霞起專讚嘉猷求志達道各遂其欲而去及將亂也豪傑志士往往抑塞窮途寃結鬱軫以至於老且死嗚呼十餘年來吾同心同志若江

標陳熾之徒或隱或死或寒心遠蹈不知其幾十百矣神州陸沈伊於何底述其梗概不勝慘然

劉先生傳

劉先生名發岏字燮丞全州長鄉人也少勤學性孝謹讀書務根柢不屑屑制藝擅而制藝富詞氣雖望溪緘若不過也年十五第道光癸卯鄉試北塲屢薦屢屈家寒授徒洮陽顯者多其弟子教人之法首授經史大義令有心得竊筆諸劄後選韓歐三蘇古文及金項各名家時文授之故受劉先生學者咸知古今文式無浮摽駁雜弊先生父年六十每得束脩以供孝養奉親講學爲樂仕進淡如也會揀選至先生父謂曰予年長而神健汝讀聖賢書當爲國家用其出試之乃謁銓部得山西祁縣令晉大饑先生上救荒策於大吏救活數千萬人大吏去布政

使某薄先生樸厚不令之祁京卿周瑞淸値軍機聞先生名遣書某布政乃得蒞任尙寬大屛繁文嘗親行民間問疾苦課祁文士如敎弟子然終日諄諄不倦也民送盜至先生廉實多斃杖下故良者愛之而頑者畏之有富商某干法擾民先生捕治商賂先生族人爲說項先生佯諾迨堂問則杖斥商悉去民擾嗣是無敢以情託者仕祁一年百廢具舉布政某索先生餽遺不許忌之一日先生思親切即請歸終養幕戚多勸阻不聽歸全居半月而先生父卒矣先生不復出買廬山中耕稼歌嘯以自娛年七十卒初先生之至祁也祁苦旱三年先生禱之應鄰邑民爇香乞先生禱者趾相錯也先生至甘雨隨車降祁人至

今猶道之
趙炳麟曰尙虛文者善媚於上多不顧其下行實政者善治其下多不媚於上不媚於上則足以掣其治下之肘阻其治下之心嗚呼此所以成今日之天下

壽太史傳

太史名壽富字伯茀宗室也其父寶廷嘗上書言天下利病時人稱之太史早失怙少磊落有大志家故貧好讀書第戊戌進士改庶吉士嘗閔世變岌岌力研新政廣交豪儒傑士當是時上鑒甲午之敗思變法自强而八旗子弟恐新法損其利祿多誹之太史爲文勸之曰嗚呼天下大勢岌岌哉人知之中國不盡知四方或知之我八旗則知者三四不知者六七也我八旗世祿世官休戚與共苟非婚姻卽是骨肉乃託全盛之隆規忽當前之大勢然眉不知急剝膚不知痛酣然以嬉渙然以處危哉痛乎其坐以待斃也僕家貧力微學識淺陋竊觀天下紛

然思匡王室我八旗若不自勵不惟負咎君父將必敵侮四方消息甚微所關極大每願我兄弟察盛衰之所由謀富強之攸在通力合作各盡其才厚培本根力開盤錯終日呶呶逢人強聒取笑於自守之士見病於持重之儒不敢灰心惟自隱痛念我八旗之大人才至多世受國恩天良未泯苟知時局必不忍坐而旁觀用敢不避譏彈略陳大勢願我兄弟思祖宗立功之勤閔君父當局之苦哀身家之莫保念子孫之流離雪涕奮興起謀王室氣運不難強挽安危可望轉圜若驚為病狂笑其說夢一旦禍至死無以對祖父生無以保妻孥豪恥捐生相胥及溺然後始歎塡海之苦衷諒憂天之先見豈不晚哉豈不痛哉

大地之上諸國林立我中國居亞細亞四分之六地之如亞細亞者尚有五洲西人比較諸國强弱中國人居第一地居第三兵船商輪殿居人後願我兄弟勿恃廣土侈然以自大也中國戎首始於道光一敗於英再敗於英法三敗於法四敗於日本失緬甸越南琉球高麗屬國凡四割香港臺灣澎湖北徼屬地凡四無役不敗無敗不失地願我兄弟知中國爲至弱之國兵力不足恃也自和約以來入口洋稅歲有增加無窮漏巵屆六十年賠兵費者凡四我貨財之輸於外者何可勝計願我兄弟知中國爲至貧之國生機將日蹙也同治時德相俾士麥克嘗建分中國之議諸國因中國地大民衆莫敢先發自我敗於日

本此說復起近日諸國議論半是此事願我兄弟知外人日日謀我將有爪分之機也中國北枕俄南接英法屬地皆以兼併爲國者也東鄰日本遠交近攻思食我以自肥者也不入於此則入於彼願我兄弟知介居强大中國有必分之勢也中國貧弱無論何國覆之有餘所以相持莫先者以英俄之强弱未定也强弱未定以土耳其未滅也土勢岌岌危在旦夕土亡將及我矣願我兄弟思分陰可惜爲時甚迫無苟安以自娛也今日百物騰貴由加稅也俸餉減成由庫乏也稅重民貧賊盜將起富者貧貧者死推其原皆由於日本之賠款也國家貧弱人人受其禍願我兄弟無身受其害而猶以爲國家之事也俄之滅

波蘭也殺人數百萬英之滅印度也殺人亦數百萬奪其財據其土奴其男淫其女日本之於臺灣也亦然願我兄弟知人人家家將被此害而早圖自救也土國之弱也由於國人偷惰苟安波蘭之亡也由於國人自私自利印度之亡也由於人心參差不齊德之興也人人有自强之志美之興也人人無自利之心人人自强國始强人人不自利乃有利願我兄弟人人懷自强之心無自利以自害也中國存詩書乃可進身本朝與八旗乃爲貴族國家安富家乃保貨財願我兄弟思國家之相關先謀王室之安危姑置一己之得失也天心向順緬甸高麗越南亡矣天不佐暴英俄法日興矣則亦强者存弱者亡耳德小國

人人自奮而崛起日本弱國懼亡圖存而忽强意亡國百折不回而中興人定安在不可勝天願我兄弟毋恃天命以苟安毋委氣運以自廢也子也才父母無凍餒臣也良君后無危亡我中國士果用命何至求和人果向學何至才乏今日之禍舉國釀之君父受之願我兄弟思君臣之義無卸責於君而自矜局外之智也得賚賜銅匠也思强其國德意志之霸圖興焉哥倫布舟師也思周大地泰西之商務成焉匹夫有志國家賴之愚者苟安懦者觀望無志者委責於人無恥者享成於人願我兄弟之貧賤者先自勵也法之亂世家大族餬口於四方波之亡世家大族放流於荒徼自我敗於日本外國日日講兼併自我

割臺灣外省處處求自立民權起大族之禍烈戎禍深大族之禍更烈願我兄弟之富貴者先自危也章句破碎大義乖於是士鮮明理華藻塗飾眞意少於是士鮮實用經有大義五倫五常史有大義治亂興亡文有實用明理紀事願我兄弟之爲學者先求其大而歸諸有用也地不一國國不一人人各有心心各有智不察列國大勢不知其邦强弱不察列國議論不知其意美惡不察列國學術不知其技巧拙是謂聾瞽聾瞽者侮之媒也願我兄弟廓其耳目而周知外事也文傳誦八旗人譁然目以爲怪尋偕李盛鐸李家駒等至日本考察學務歸益自勵後新政蹶剛毅欲排漢用滿太史慨然曰愈排漢漢愈激愈用

滿滿愈孤吾族其無立足地乎頑固黨毀之彌力僉曰長白晦氣生此異物也庚子端王用拳匪以攻使館與各國開釁太史痛哭曰國亡矣及京師陷太史爲書詰頑固黨曰平日我輩求自強君皆以爲非事至此何面目見列祖列宗耶復爲絕命詩與其弟富壽同殉焉壽太史絕命詩云袞袞諸王膽氣粗竟輕一擲喪鴻圖請看國破家亡後到底書生是丈夫薰蕕相雜憾東林黨禍牽連竟陸沈今日海枯看石爛二年重謗不傷心曾蒙殊寵對承明報國無能負此生惟有忠魂凝不散九原夜夜祝中興

徐崇合傳 庚子十一月撰

天下有亘萬古萬國而不過者其綱常名教之事乎是以聖賢辨之晰然行之毅然仡仡然毋敢苟也徐崇二先生者固近世之端人也亭亭以名教綱常自負然一閱末明遂致身死族亡名敗爲天下萬國訾議嗚呼可悲矣徐桐東海人也其父澤醇任總督尙書桐少時故翩翩豪華公子稍長取宋儒書讀之憙曰此吾人立身之根本也自是研究宋學懃恁第道光庚戌進士改庶吉士散館授編修咸豐間潘祖蔭翁同龢等會京師文學祀顧崑山桐與焉繼以議論不合出弗與其後祖蔭等請以崑山從祀桐格之桐居翰林尙氣節肅順驕橫上書劾之會科

場事發桐與同考肅順摘微疵奪桐職桐遂歸耕於東海之野芒鞋箬帽與農叟話桑麻澹如也未幾肅順敗

穆宗立起桐爲檢討在弘德殿行走桐上政鑑數十萬言以育君德自是薦陟卿貳儼然爲朝巨望翰林恃放差爲利故例弘德殿不與外差而桐廉介取與不少苟是以官愈貴而家愈貧嘗謂門人曰人爲貧而仕我爲仕而貧云

穆宗賓天光緒帝立各國窺伺日甚桐任大學士足未出國門一步不盡悉萬國强弱形勢深惡外人尤惡談外務者居東交民巷四鄰皆各國使館出入逢外使故令輿馬衝突外使爲讓道焉西人歲朔京朝貴官皆賀而桐否每言及越南琉球事咬

牙切齒憾之乙未桐在會闈聞馬關之約頓足曰如此中國亡矣出闈具疏力爭之不報戊戌新政大行竊腹誹之康有爲昌言改革編修蕭榮爵爲摺欲桐具銜劾之桐曰多行不義必自斃止弗劾有爲桐門人也桐八旬壽有爲來拜拒不見有爲置壽禮案上走桐令僕追有爲於途擲還其禮物及有爲獲罪

太后訓政桐復受渥眷而屢於

上多微詞門人趙炳麟者洮陽之山民也好談程朱學桐重之炳麟於變政時亦上書言內治外防

帝俞之且贊其核實新政蹶人以此並議炳麟桐爲之解始免己亥炳麟謁桐燕論桐曰方今

天子無嗣建儲宜亟我意無論如何於近支王公擇行輩稱者
立爲
穆宗後不知羣臣向背炳麟曰
高宗以建儲弊多嚴刑禁之且輯歷代儲貳金鑑以戒違祖宗
訓不行便且
上猶英年他日
上有嗣將安後桐日時勢爲之耳十二月大阿哥溥儁之立桐
實參預焉嗚呼爲大臣者上者格君非次者諍之諍不已去之
諍不已去不得死之此所謂名教綱常之事之不可苟者也而
先生忽之嗚呼可悲矣桐夙善崇綺阿哥將立桐遂告榮祿綺

可共大事而崇綺於是乎起崇綺正藍旗蒙古人也能文善書
第同治乙丑狀元旗籍故無射策第一者而綺始冠進士名大
著綺勵學敦品自以古大臣相期數年陟卿貳
穆宗選其女爲后會
穆宗疾
后入問
太后詰曰爾何爲而來
后曰我自大淸門選入烏得不來故制大淸門惟選后得行
太后起自宮嬪大怒曰奴子笑我進宮時未行大淸門也掌擊
其面

穆宗崩
太后立
今上後
文宗
今上之本生母
太后同母生故得立后力爭爲
穆宗立後
太后怒責不允
后殉之綺是時爲戶部尙書醇邸及李鴻章等奏請勑各省稅
賦用外國銀行票解部綺曰如此財賦權爲他人執國亡無日

矣力爭之遂寢而論多與醇邸牴牾乃告疾乞休家居於順治門內化石橋邊瓦屋數閒一二僮僕侍之日以書史自娛往往秋風落葉布衣攜老奴出游人無知爲毅皇后之父者大阿哥立榮祿薦綺可任大事祿桐再三造綺請綺始出懿旨令在弘德殿行走與徐桐同授阿哥讀門人唐椿森賀之綺曰我不眠三宵矣茲事重大吾身家以之云是時圖富貴者昌言

今上變法得罪祖宗請廢立者不乏剛毅尤力綺亦爲摺將上榮祿聞之詣問綺焉綺曰是一篇霍光傳也祿曰皇上得士心招天下議我輩禍且莫測索摺觀而碎之乃止嗚

呼大阿哥者以國統論
今上之臣也以家統論
今上之姪也而深得
太后歡使調和於
兩宮之間釋
太后疑而結
今上之歡欣
今上無嗣
太后年邁國事家事不難一身轉旋復深研政治有用之書爲
他日臨萬民操縱羣臣四夷之具則中國之蒙其福者多矣豈

特阿哥保全已哉而綺等日日爲阿哥講孝經衍義日日爲阿哥謀廢立嗚呼不深可悲乎阿哥之立也各國不入賀端王載漪大怨用拳匪以攻使館與有約各國開釁載漪者大阿哥溥儁之本生父也而桐綺亦左右拳議及戰事烈天津陷趙炳麟造桐所居寶相祠堂問曰公之持戰議也何恃乎桐曰兵不可恃民亦可恃而不可恃大局其危乎炳麟曰公知大局危當思補救之未晚也桐曰我無權補救何力炳麟曰公與端王文山先生同爲督辦軍務方今大事皆督辦軍務處裁決胡云無權桐曰軍務處意見多事日壞吾其以死報國乎炳麟曰大局至是公死恐未足塞責也相與唏噓久之炳麟出桐扶杖倚祠堂

門前石送焉揮淚而別未幾而京城陷桐爲遺表自縊而死死後無棺殮以毯裹之埋祠堂池邊盈月始買棺殮之嗚呼桐死之日子孫四代滿膝年八十三而國破身死之慘如是不可悲乎綺聞京城將破令掘土坑謂其子承恩公葆初曰我家爲國戚不可辱汝輩其自裁我將追扈

太后力圖規復葆初率其子十餘口入坑掩之綺遂偕榮祿走保定而聯軍尾至綺劃襟書事不可爲以死報國八字自縊於蓮池書院朝廷聞而卹之予諡文節嗚呼二先生者固近世之端人也而君臣一間之未明遂致身家受禍如此之慘中國數萬萬生民且因而日蹙嗚呼不深可悲乎趙炳麟取道襄陽奔

赴西安行在始聞二先生之殉爲詞以哀之且哀國也詞曰登華嶽之硉矹兮望燕雲之蒼茫嗟神州之沈沒兮情紆軫其徬徨黨孰新而孰舊兮流中原之碧血嗟我
后及我
帝兮竟稅駕於咸陽嗚呼自來同室操戈兮邦國靡不削亡羗撫今而稽昔兮徒淚流之浪浪

二妃遺事 辛丑四月撰

惠妃

穆宗毅皇帝之妃也光緒庚子京城倉卒陷
兩宮西行妃素非
太后所喜不得隨聯軍擊城砲聲震天地妃令宮人收國璽置一室集宮女百餘守之和鴆酒以備謂宮女曰洋兵來少有不禮吾其飲之會日本兵先入日將柴中佐三郎令其兵守宮密且給宮中食妃遣內監禮勞之慶親王奕劻大學士崑岡等得
行在旨留京辦事慶王將致各國公使璽書覓璽不得詢知爲妃所守令人取之妃不與謂曰朝廷欲用璽當遣重臣親見予

方可予璽不然恐僞人竊之流弊無窮矣崑岡乃具服謁之且
持
兩宮詔使覲妃乃予璽
珍妃
今上所鍾愛者也與其姊瑾妃同事
上瑾妃樸實而珍妃靈敏妃父長善前爲廣東將軍與廣東候
補道文星瑞善將軍猶子志銳與文子廷式同受業於廣東名
士陳瀾甫澧之門同負時名廷式舉孝廉得授二妃讀及廷式
第翰林妃言廷式才於
上得以大考擢侍讀學士廷式言甲午戰事忤

太后尋爲御史楊崇伊劾獲罪革職
太后戒妃毋預政治妃言
太后何以預政治吾輩紹法
太后也
太后大怒杖五十貶之庚子七月京城將陷
太后令總管太監崔玉貴沉妃於井乃西行或曰康有爲之入
都也文廷式爲函致珍妃且與妃弟志錡交好有爲得賚妃實
薦之頗以虞妃薦孫叔敖自任以是愈失
太后歡云
論曰

太后之戒珍妃毋預政此我
朝祖訓也妃應對失卑幼禮責之宜矣
太后止慈者也
皇上止孝者也祇以內而妃嬪監寺外而不知大體之士臣離
間搆讒遂致宮闈之間骨肉冰炭馴至禍及於
宗
廟天下嗚呼安有安陽其人者調處兩聖毫無意見然後力圖
自強猶反手耳此聖人訂詩所以首關雎以爲王化先也若惠
妃者於流離顛沛中從容守義觀其答慶王數語深達事體其
女中之君子與

李忠節公傳 辛丑八月撰

公諱秉衡字鑑堂奉天海城人也其父爲江蘇六合宰六合故腴缺而其父自奉約而常虧累公年未冠省其父六合其父戚然爲公告公請出入帳册調查之盡得吏胥奸蝕提贏餘半塡公費半爲吏薪終其父任無虧累公讀書務世用不屑屑爲舉制嘗曰世變亟尚抱首作案上吟是謂以無用害有用也援例爲直隸縣丞以治河出力擢知縣宰棗強邑界山東苦馬賊擾公倣李崇之法令民間備炮賊至鳴之告警四鄰聞炮者應集衆守塞隘頃刻數十里皆合賊無遁者公嘗手銅鎚率兵役捕賊賊畏如神明俗呼爲李銅鎚云公辦團練喜微服夜巡鄉市

一日遇雨公戴笠帽止村外短牆下練勇疑是竊者持矛擬之公呼曰我縣主也勇諦視之知為公延至局所公坐堂皇集諸練勇問曰爾輩勤巡儆良善然矛擬長官有罪乎僉曰知罪公曰爾願責乎願罰乎願責百杖不爾貸願罰繳鹽二斤官可免勇曰願受罰遂赴鹽店購二斤來公令權之斤短二兩公斥勇曰爾猾民也長者免汝杖僅罰爾鹽二斤斤僅十數錢爾猶朒之以欺長者令杖之勇呼曰鹽購自某店實已給二斤値朒非所知也公立傳鹽店計者至問曰售鹽者汝乎曰喏曰二斤乎曰喏公令自權之朒計者曰店東令每斤朒二兩非我罪也店東者直隸之富商也數務剝刻公傳店東恐不敢赴公曰官買

汝鹽尙如是平民盤剝何極今抗傳是玩法也將嚴辦之商懼叩公求宥公曰汝剝民多矣抑願罰乎願罰出錢五十千免汝罪後毋再犯犯必懲商唯唯公命以三十千爲團費以二十千勞練勇謂曰爾等朝夕勤苦長官寒無以爲賞今借罰賞勞汝汝益勵之自是無敢剝平民者而練勇亦以彌努力直隸總督劉長佑奏稱公知兵愛民擢直牧權永平守因案被議例革職李鴻藻方値樞密歎曰此好官也竟以例落職矣後爲直督李鴻章論薦辦理賑務晉撫張之洞奏稱晉災重必得廉能任賑事奏調公遂交之洞差委授太原府整綱紀除奸蠹政聲翕然尋擢惠潮嘉道浙江按察使未抵任而法越邊事岌岌粵督張

樹聲奏公才遂調廣西按察使公至桂嚴緝盜賊嘗宵行手一燈從一僕往來通衢僻巷人無知其爲法司者時粵西吏媮民玩賭風頗熾公以法繩之吏治民風煥然改作思恩土匪莫夢熊聚黨滋事巡撫潘鼎新檄公以四營進勦鼎新重勢利知公廉樸忌之幷以後路粮台屬公而不給公費公曰我受恩深不支公費分也剋期啟行典貸以爲旅費抵思恩令知府曾毓璠督軍進勦遇匪前隊敗之夢熊懼入據猺峒避之猺峒者四圍皆陡壁曲徑盤旋猺族居之中有平地可種穀持久游會各匪以爲兎窟思恩慶遠一帶有五十二峒峒各有小徑通直達黔境公至召猺長曉以禍福幷述夢熊凶暴害民狀猺族感悟偵

夢羆所在密引公撿而戮之不三月猺平赴龍州督禦法大軍糧時鼎新潰諒山朝旨逮問以公護巡撫初鼎新之督師也外驕亢而中葸怯諸將怨之馮子才王德榜等夙負威望鼎新不爲禮皆不樂爲用公受任勤勤懇懇日以大義說諸將將士稍稍激勵諸將糧械公隨時發給無稽延扣尅故人皆樂盡力南關之捷粵督張之洞奏稱秉衡調和諸將力爲足多云和議成而勘界事棘新撫張曜避不到任公擢布政使仍護撫事籌畫數年始定及事畢詔公回布政任而以沈秉成爲粵撫公以勞疾乞休許之先是公之護撫也距桂林千餘里凡官吏廉污勤惰悉知之月致函司道勸戒奬劾數人而官吏無敢以奔競嘗

試者前任巡撫徐延旭有一嬖妾足甚小興安令獻其妾小繡鞋飾以珍珠翠玉延旭大悅調美缺酬之潘鼎新自湘至粵全州牧某供應極華麗献名馬二飾以錦繡鼎新武人顧而樂之及爲粵撫亦調某牧腴地秉衡護撫數月皆以事劾去之墨吏股慄乙酉夏桂林大水自昏及晨漲逾三丈東南城不沒數尺考古者謂自洪武二年大水較此尚低三尺云災黎滿道議賑需鉅萬兩司畏公嚴須稟命行桂林守秦煥抗言曰桂龍相距幾二千里往來至捷逾半月昏墊之民將索諸枯魚肆矣請一面設局賑一面稟命咎譴吾任之賑竣而公牘至奬煥能而斥司如傀儡故事桂撫遺政府氷炭歲各三千金文案委員向萬鑅請公循舊章公曰我護撫誓不以一文入私囊安所得鉅款餌當道邪用舍聽之天可也公之護撫累年而卒罷政府實阨之甲午冬馬丕瑤入覲薦之起爲安徽巡

撫尋以倭事熾海疆大震調公撫山東公甫赴任而旅順陷威海煙台告警公乃親巡山東各口駐節煙台籌戒備劾喪師諸將請正軍法軍律爲之肅然分統威海陸軍提督劉超佩不戰潰走失炮台三反譖其總統戴宗騫不救公曰宗騫健者豈如是乎令宗騫明白稟復宗騫果言孤軍力戰超佩私潰並請奪台自雪宗騫奪回二台而倭水陸軍畢至威海卒陷宗騫殉之公痛哭請卹煙臺賴公密守倭人未嘗來犯潰兵紛紛至公遣散之誅其擾者民恃以安尋擢四川總督未到任而罷公富於愛國而猛於排外外人多訾之適山東曹州馬賊殺德國教士二德使臣海靖索膠澳並請罷公故解公任已亥言路劾奉天

將軍依克唐阿誤軍國罪詔公查之公至京問幕賓於相國徐桐桐稱翰林王廷相廉能公聘偕往誅其骫法者遼吏凜凜公與廷相入遼同乘一破車人無知者奉天貴官見破車爭避之旋命視師長江公坐小艇詢吏治軍情往來吳楚間利弊皆洞悉長江水師自彭玉麐歿後將士多硫玩公至僉曰又見彭帥矣無敢作弊者庚子端王用拳民攻使館與各國宣戰公與東南督撫聯名諫阻不報而命公督師公聞詔即行張之洞劉坤一等餞公公慨然曰吾此行必及於難然君命召不可不行至京 太后召見問和戰計公曰方今戰端已開戰亦亡不戰亦亡無甯戰之猶壯也遂以張春發陳澤霖夏辛酉萬本華四軍

隸公時大沽天津相繼陷軍無鬬志公攜幕賓王廷相等白手就辛酉窩頭辛酉請公退守張家灣公不從且曰丈夫甯進死無退生尋聞春發駐河西務率辛酉就之河南藩司升允由西路走詣公問策公令率所部出固安武清橫擊之七月十四日公至羊房距河西務八里猝遇偵騎二百辛酉擊走之十五日昧爽整裝欲行馬玉崑狼狽至言敵鋒萬不可當公曰軍法有進無退今並數軍爲一尚三四萬人合而攻之猶可支持倘勤王兵來京師尚可保汝其努力玉崑陽喏而自北路遁聯軍直撲河西務途遇本華兵拒戰公聞砲聲令辛酉助戰相持一晝夜子藥盡聯軍圍公數重俄解去公奔張家灣令廷相草遺表

上仰藥死廷相亦蹈水死方公之揮兵接戰也張春發陳澤霖觀望不救縱兵四潰所過擄掠甚盜賊兩軍自鬨潰公遺表請誅之春發澤霖數務尅扣多財賄政府寢其事不發公之徇義也朝廷恤之予謚忠節而外人以公數排外且受命視師謂為拳黨詰之遂奪回恤典謚號

波蘭遺忠傳

天地之氣清蒸品彙得其清奇冲漠者凛凛旭旭至死不變故木有松柏草有靈芝若耶之銅百鍊彌勁赤菫之錫累淬不磨此其生性獨異也觀夫俄布奧分波之年可謂霆擊之而颷宕之矣然而仁人志士趣死如歸甘為玉碎不為瓦全者殆其生性異人邪賴基墨者犖突阿尼亞省人犖部故多英踦不脆而賴其名者諳交涉學俄重之舉為國會長賜銜曰使徒安得烈使駐華沙波京城賴郤之未受也而世爵貴人睨俄之重之官之也詆曰是賊國者賴基墨亦輕世爵貴人嘗曰是亡國之臣也獨與柴路司箕羅奇圖善柴路司箕家巨富內外典章悉闚之

踵門叩疑難者趾相錯也人號曰書庫憭國勢衰虎狼眈眈狙之者日加迫慨然曰毀家紓難此其時乎乃罄資立華沙大書院冀爲豪富倡藏波蘭本文書二萬餘卷各國新法新器搜羅備購豪傑附之舉爲議院長羅奇圖家奇貧而伉概有大志嘗曰士不走萬里路洞徹各國强弱形勢徒操觚而索之猶瞽者談四方也吾欲游歷各邦奈空囊卒卒然何柴路司資助以三萬金乃自英之美寓華盛頓大學校習兵法藝事而世爵貴人曰若類者務外者也蔽而抑之一千七百六十五年俄使辣伯甯下令曰議院有抗俄者悉戍東鄙邊議奪波政分波壤標兵排鎗置礮圍院外聲硠磕如臨戰場世爵貴人大懼俯首帖耳

俟俄旨不暇柴路司箕與其友鎖底格攘臂抗俄氣不少沮俄爲罷議者再辣伯甯怒拔佩劍示柴路司箕延頸露腹曰身可殺議不可就也辣伯甯乃械送西伯利亞邊越七年始分波地俄得一萬九千八百方里奧得一萬三千五百方里布得六千三百方里迫波王亞吉士獻地求和以吐壞四萬二千方里還之繕約就世爵貴人悉籤押而賴基墨否波民覘賴爲離合俄閉賴深室賴終不就乘隙逃至犂突阿尼亞謀起義兵方得千人而波之倀俄者知之告俄營俄傾營圍之千人死戰爲俄殲盡賴遁他部將謀再舉初賴基墨捐己產立犂省學校圖書儀器悉列俄收其貲財封其器物使謂賴曰籤押還爾貲物賚爾

顯爵王猶爾王也君毋自苦賴基墨出對使者曰沃野數萬里生民數百兆波先王含辛茹苦得之而今失之某不能攖戾執猛爲社稷衛負先王矣請縛我謝俄王我頭可離議不可就也使者義而舍之羅奇圖自美東回波事大裂度勢不可爲嘗過城肆則泣逢讌會則泣人呼爲狂兒一日行華沙至柴路司箕書院故址已爲柯薩克兵焚爨綠煙青草森森於瓦礫中大哭曰日月幾何向日狂謌擊劍之地今邱墟矣向日狂謌擊劍之人今白骨矣而世爵貴人者累得俄賂日侈歡讌騎駿馬自俄監國思得格白府歸顧見羅奇圖叱曰狂兒故態復作矣望望然去之一千七百九十三年俄欲盡滅波蘭免遺民蠢動命伊

噶斯東爲將軍率八萬兵壓境波君臣悉聽俄意俄兵荒淫大掠民不堪命推羅奇圖爲將謀集義師世爵貴人知之告俄人遣兵圍羅奔意大利英少健者赴之如流水柴重斯葛勇士也起兵內應潛招羅奇圖回格刺戈得步卒三千馬兵一千二百農氓持鐮助死戰者三百丁俄分兵七千與羅奇圖戰柴重斯噶率馬兵數百陷俄陣羅奇圖以死士力擊之俄兵大敗華沙人聞波捷殺俄駐兵二千圍伊噶斯東署伊逃城外布營乃免偉埒那城亦變羅奇圖服農裝行田野與父老談俄虐前游歷過意得采繪法凡俄挾波王則繪圍議院則繪焚華沙則繪殺役丁男淫掠子女則繪布示民間見者哀慟涕泣恥憤交集俄

聞波變拜蘇佛洛爲將軍督兵討之布王斐迪親搗波境羅奇圖以萬餘人當三大國全鋒累戰不撓敵軍呼爲鐵將一日蘇佛洛及副將法孫分二隊進羅扼礦隘令柴重斯噶提鐵騎摧其中二隊爲之隔俄兵死者纍纍流血滿野未幾柴重斯噶中鎗彈顚陣幾潰柴泣曰我軍撤退羅軍被圍大丈夫當以死謝知己令人繫馬上督軍突陣殺俄兵數百中巨礮人馬皆碎全軍覆沒蘇法二軍合羅奇圖被圍雖負險塞糧食已絕出掠俄營俄退裹糧復進波爵將有兵二萬六千巨礮一百四尊駐近野中觀望不救俄賄爵將兵僞爲援羅者深入其窟俄勁兵繼之大殺羅軍軍悉就斃羅奇圖中百創血染衣履伏地大哭曰

波國亡矣言竟被擒俄將曰此義士也令醫士平其創送下彼得堡獄會俄女主喀特林卒太子保羅嗣行大赦召羅奇圖於四見其趫悍虓豁戰瘢髗䯻歎曰此義士也問思歸否對曰社稷灰燼人民犬馬何忍歸邪願賜一葉舟航海而西終身美利加塞耳不聞東事足矣俄王畀以銀帑護送合衆國安置以後波蘭權政皆歸俄制一千八百三十一年波謀大舉料軍械有步兵五萬馬兵一萬礮一百三十六尊而無强傑敢將者僉曰賴基墨舊名俠也舉爲將軍年九十矣使克羅必劍副俄徵兵十二萬以黎伯琦爲大將軍討之賴基墨守百噶雷（波京東）黎伯琦令男爵伯倫分兵三萬進賴基墨遺瑞姆薄克伏扼米羅斯

奈之深林中俄前隊入隘陜波以鎗擢而劍刺之前隊悉殲後隊發巨礮磺煙覆林波軍退里許之噶拉哥右倚未司土江左憑深林去波京近或議華沙難守當燬之以免資敵賴基墨曰不可也波蘭元氣悉聚華沙人心視此爲定亂華沙焚則人心搖軍無鬬志黎伯琦欲奪波營地勢策練兵戰波以鎗劍待險大殺俄兵俄易馬兵衝突猛不可當賴基墨曰左右皆深險當自小徑作蛾眉形俟之可破而殲也俄大敗暴屍滿阸嶭逾旬俄大兵雲集挑戰愈急令克羅必劍分三隊應左守深林右屯噶拉哥中軍出戰京外農商持梃相助諭左隊長米司基曰深林者國之屏障也死守勿去黎伯琦集兵攻左米司基中鎗死

左隊潰走俄攻其中克羅必劍激健兒持長劍規復深林俄退克羅必劍乘俄敗挫指麾馬兵颷擊厥後路堅思不受調曰非賴基墨令也克羅必劍曰賴公壯者以殺敵爲志何待令爲單騎率數十人追殺俄兵中飛彈仆扶掖回營俄藩王蔡郤思督練兵二萬五千至賴基墨遣人邀截之遂與黎軍阻隔黎軍置輕礮五十八尊轟燬深林波營不支乃退俄分馬兵攻其右基墨令健將斯克尼堅結陣以待衝之不入俄士馬畢發波退敗別部將軍顧苟伊者世家子也擁重兵觀戰遷延不救京中聞賴軍北婦穉烏竄哭聲震天基墨見之泣曰吾老矣不能爲若輩長城奈何鼓勵將士回兵再戰大勝俄馬兵陷泥濘悉被戮

斯克尼堅及瑞姆薄克中夜持鎗謁基墨曰俄兵疲矣乘夜攻之可大克賴曰不可也未司士江氷解水生勝固得萬一敗北歸路隔絕全軍瓦裂矣不如退營江岸以逸待勞乃渡江頃刻江水大至軍得無恙馬兵長隗尼克者少年有勇率馬兵三千敗俄馬隊二萬抵布喇味遇俄藩王華登拔士馬踴躍至隗遽擊之俄藩大敗而世家貴黨恐波勝俄敗利祿驟失流言曰波兵無大功賴基墨老朽故耳遂聚華沙議更將僉舉斯克尼堅從之斯克尼堅膺新命遣精兵夜攻俄壘克之俘俄兵六千馘二千擄巨礮十二尊俄恥敗辱調伐奈獅兵（俄勇號也兇悍無敵）據伊噶尼郵斯克尼堅遣樸隆乾斯干禦之大敗俄兵隗尼克以英傑少

年兵威遠振朝忌叢集退屯柴磨斯而伏希尼亞北陀利亞烏克雷三省豪俠方謀再造隗結爲內應俄裨將路迪克遇隗尼克於婆利尼利四面皆波聲俄大敗走尼克追入北陀利亞天大雲霧路迪克回兵力戰隗敗至奧境奧兵圍拘之禁錮於獄斯克尼堅率九萬人攜巨礮欲潛渡蒲克河令路堅思以萬人守河西拒黎伯琦渡自提二萬抵羅沒柴黎伯琦圍路堅思於西河波人血薄突出會斯克尼堅合屯於阿斯多倫卞黎伯琦與密格勒公聚兵來攻以柯薩克人爲左右翼波軍不支欲退渡納路河濟半被擊殺屍塞河流水變赤波軍自此力脆俄攻礮臺波兵死守會子藥盡而馬兵之往援者陷泥塗中悉爲俄

蕆俄遂克據礮臺斯克尼堅退駐華沙大哭曰事不可爲波國亡矣波國亡矣遂仰藥死而俄大將軍黎伯琦不敢深入退屯波都斯染疫死俄命裴師稷爲大將軍波推古苟伊爲帥裴師稷統新舊軍十二萬巨礮四百尊分四路進華沙糧竭議者請棄之避黎突阿尼亞裘珉崎曰不可也我能往寇亦能往不如遣兵運波的喇克糧效死勿去從之分兵之半往運波以是力愈脆古苟伊募民充之得二萬人裴師稷諭勸波民各歸田里自保身家二萬人立散遣古智魯攻五賴礮城克之波守將羅司干單騎巷戰彈集如蝟死之俄置巨礮百尊於五賴攻洗斯得波守弁裴姆精於礮法擊俄皆中俄不能克退歸五賴波人

鎖的克買斯基率兵規五賴俄兵不支退走未幾大兵復集波人棄五賴守洗斯得波礮弁水倍拉斯守七十三臺遙燬巨礮擊五賴俄兵城上百礮皆爲波燬俄將軍費德率二隊攻七十三臺裘珉琦督波人邀擊之俄人復退五賴馬兵出城擊波爲波敗還死者千餘喪馬數千逾日俄新兵新械大至攻屠七十三臺及洗斯得血肉山積焚京外廬舍波人驚亂棄華沙退保伯勒克俄人入波京遣將降伯勒克城波變始平賴基墨自罷將後回黎突阿尼亞廬深山中時攜火酒偕父老野飲一日方縱飲有舊部走報曰俄人下華沙降伯勒克諸將覆盡求將軍急將軍其遁旃賴基墨不答飲自若舊部泣而退基墨飲畢入

小廬出巔驢左手持策勒右手抱幼孫止於教院縱火自焚俄遂改波蘭爲省酷刑治之嚴誅叛黨凡迹涉疑似者均遣戍西伯利亞遷懇龔喀蘇荒壤禁士民用波土音徙波世族富室轞車纍纍接於道云

外史氏曰富貴者人之所大欲而人生之不可長恃者也患難者人之所大忌而人生之不可終免者也豪傑之爲人揆之於義義而非也祿以天下食以萬鍾可勿顧也義而是也白刃在前沸鑊居後可勿懼也諸君者當波國孱弱之時欲起而振新之而馮富據貴者懼振新之損其權寵祿位也出全力以壓之而振新之萌芽絕而虎狼之眈眈以伺者遂取其國之肉以供

大嚼諸君乃率父子兄弟以投凶暴一炬無益於國徒殺其身嗚呼愚矣然彼之馮據富貴阻壓新機者終不免匍匐轞車子爲人奴女爲人妾聽人之役之弄之而不恥其骨肉薌臭又何如邪

陸紹淵考功郎墓表

范文正公云五行之秀於人有清有蔽五行之數於人有壽有夭顏子其猶病諸數語者高平所以為王周翰悲也嗚呼吾友人陸君之清賢而夭其亦周翰類歟君諱輔清字紹淵別號易齋居士粵西灌陽人也其祖錫璞以經術顯為吏著循名父金釗諸生君曠達伉爽英跱不卷局家故貧少時隨其父設館桂林因授讀焉十九舉孝廉二十第進士以主事用分吏部考功司是為光緒十六年也尋補主事升員外郎郎中洞徹例案見胥吏舞文則立曉掌考功印以公明聞君喜為詩不存稿好游覽山水其居京師與洮陽趙炳麟為游山伴侶已亥初夏偕游

人五六同登太行巖峻峭崒五六人者皆郤步君與炳麟振衣躡其巔臨風而呼視渤海齊州猶炊竈耳夜借楊僧寺有亭巋然竹木流水怪石環之時也雲影閒暇月色皭明客有携伶人采芸者善吹洞簫倚亭弄響清風徐來簫聲風聲竹木流水聲雜遝駢迸天地人物洒然在氷壺之中矣庚子聯軍陷京師君與炳麟避難北平之野恨長安扃閡每西望誦哀王孫繼之以哭壬寅春朝儀稍稍規復而臣工逸志亦作喜浮議無實政君慨然曰中國至今日不能振作無復望矣得法人路蘇尊民議讀之氣氣然曰中國他日再造必是主義也手不忍釋來往郞署時在車中亦琅琅誦夏間京師大疫同部郞中雷君祖迪病

疫卒君料理喪事歸亦病知舊往視者君皆作別曰吾已矣天下事日棘公等好爲之與公等別不過數十年耳他日相見地下無以我爲念自寫遺屬輓聯畢遂逝年三十四嗚呼以君之秀而偏促於壽此昔賢所以深悲者也他日吾輩游山感念故事執一杯酒酹於清風明月之前呼曰易齋易齋君長逝矣江山如故伴侶彫零人孰無情誰能遣此易齋易齋君知之否君生子一女四均幼炳麟知君最深者爲表其墓曰

君之神兮聊浪雲山之窈冥君之志兮憑噫神州之陸沈吾不知君將再生而爲破鹵之馮奉世兮抑長寂而爲芙蓉城主之石曼卿

誥授光祿大夫工部左侍郎唐春卿先生六十壽序

古之大臣致君澤民蓋不一揆獨其卓然標豐功盛績義心清尚爲天下後世所嘖嘖稱道者未有不出於學者也學之體欲其宏而守貴於約故孔子曰君子博學於文約之以禮亦可以弗畔矣夫蓋學博則於典章制度利病沿革參稽而洞曉揚子雲所謂通天地人張橫渠所謂萬世爲量是也守約則有不爲而後可以有爲諸葛忠武所謂澹泊明志范高平所謂忠信立基是也吾鄉自陳文恭以篤實之學蔚爲名臣殆將百年而我乙未座師今工部左侍郎　誥授光祿大夫唐先生春卿繼之先生家故貧自幼爲學貴躬行好讀有用書及成進士授翰林

彌擘天文輿地禮制歷算諸學嘗總校會典圖畫鉤稽閱十寒暑而全書成圖畫稱精密焉先生屢典文衡洊登卿貳出入禮部兵部工部都察院之間建言多根本大計重守成法務覈名實以爲例案者朝廷之憲法也蘇子云古之法簡今之法繁繁者不便於古而簡者不便於今知治本也凡事有例可循雖中材不至僨事成法蕩然弊更紛出矣後世行之不善者必非成法法之流弊也故必循法之名求法之實尸子所謂正名去僞事成若化以實覈名百事皆成者也甲午以後議者主變法而先生主守法先生之居京師也以實學自勵嘗云士大夫當讀書不讀書則理不明處置大事未有不憒然驚恇然亂者集顏

裴胡三家史注注新唐書繆者糾之闕者補之幽滯踳駁者疏解之先生學務大體而進退取與纖微必謹元漠淡定炯介不苟其接人也悃悃款款穆如春風是聖人所謂博文約禮者先生庶幾近之獨是爲大臣者當其席豐履泰雍容揄揚拾遺左右易於報答

天子之知遇若夫世變迭起夷狄盜賊刀兵水旱雜遝而並至則必以宏遠堅定之學達爲事業見諸實用以濟時屯而康世難而後不負所學也光緒癸卯四月爲先生六十攬揆之辰炳麟謹獻一詞以祝先生曰古之大臣其君何以榮其民何以安皆其學有以致之澤之也今以先生學之博守之約而遭時局

多難　君憂勤於上民阽危於下先生宜峁然奮興勉成致君澤民之大效俾天下後世筆之勒之馨香歌舞之而後不愧爲大臣不愧爲大儒卽不愧爲千秋百世之大壽考

新昌胡紫腴先生暨德配漆恭人六十壽序

五代時禮義破壞人道幾乎滅矣而歐陽文忠作一行傳獨取鄭遨李自倫一流人者何哉蓋以拂衣高隱其文行足以矜式鄉里變化流俗視彼食人之祿俛首而包羞者度量相越豈不遠哉吾觀新昌胡紫腴先生其庶幾乎先生少起貴介以文學見賞於許文愼拔茂才第一尋讓貲產其兄已隱大源山與江右名士結愛蓮社講學舉某科孝廉勞績保知縣樂道不仕日以讀書教弟子爲事聞先生之教者循循有儒者氣象知禮義廉恥之不可犯介然有所不爲昔曾文正云今之學者言考據則持爲騁辯之柄講經濟則據爲獵名之津蓋咸同時士習已

然至今日而益壞士大夫不知名節爲何物譚新者襲西學糟粕自以爲麟角鳳毛獵取人間富若貴守舊者借名山爲捷徑稍躋通顯則伺候大人先生之喜笑怒罵若馴雞走狗平日所高自期許者且自以爲狂愚求一闇然自修嚼然特立者卒不可得嗚呼聞先生之風其亦可以愧矣先生德配漆恭人本世家女歸先生後布衣佐家政有賢母風炳麟與先生長子潄唐侍御同年入翰林誼氣相善炳麟御史記名時先大夫柳溪公爲御史法戒錄教之潄唐御史記名時先生作書數百言爲陳君子小人吉凶消長之道以爲訓誡然而綱紀廢弛世局正艱吾輩所恃以不辱庭訓者究操何道耶歲在光緒己酉爲先生

暨漆恭人六十攬揆之辰漱唐徵文於炳麟因述其梗概如左漱唐明春乞假歸捧一觴酒祝於二老之前鶴髮開顏其樂何極炳麟則抱恨終天此樂不可復得矣是炳麟於子道已有虧又何足述先生之文行耶光緒三十四年戊申七月全州趙炳麟序

柏巖文存卷四

全州趙炳麟竺垣稿

養眞子官翰林無所展布讀書閱世事輒有所紀載其巨者或編年立傳以書之瑣且雜者不能盡收也而事多奇傑又不忍盡棄乃爲瑣錄記之一日其友龍游君見而閱擊案稱善且曰君胡瑣之此皆吾國之精魂也應名曰國魂錄云 光緒三十四年養眞子自記

王俠客

游俠之徒其派出於墨墨者提兼愛主義故好急人難有公敵而無私憤焉昔楚人攻宋墨徒赴難死者七十有二人此游俠之祖朱家郭解者流皆其子孫也大抵國之將彊其民俠氣必盛國之將弱其民俠氣必消嘗讀東西歷史見日本之自由黨

改進黨漸進黨俄國之尼希利黨喀拉波特肯黨拉弗喏甫黨侃槪赴義凡事之不平刺三軍之帥主極等之政府如刺狗彘焉其帥主政府以是有所懲挏不敢逞其殘賊之勢其亦得墨家宗旨者乎王俠客子斌者燕人也俗稱為小王五少有膂力長工劍術燕邯俠子奉為領袖開元順標局以護旅客甲午御史安維峻言事被譴出關俠客解千金以贈恐安郤封其銀票自門縫擲入安莫知為誰贈者及行俠客暗遣其徒為呵衛焉乙未開學堂於京都香廠名曰文武義學聘名儒教經史已教武藝戊戌參政譚嗣同就之學劍及維新政敗諸傳宮闈疑忌聖躬瀕危俠客欲負上逃海濱一日入瀛臺者三闕省

兩宮無恙乃已庚子拳民變起端王擅權六月間忽有內禪及姚寶生進藥之謠俠客曰世變至此危亂極矣三尺之童揭竿妄殺五家之部焚香談神二虎一龍喧傳朝野人倫渾亂正氣滅亡吾不能一日居此世界遂懷劍狙刺載漪不中愧而欲自刎會聯軍陷京師士大夫出走者多寄其家貲俠客家爲洋兵偵知鎗擊死戊戌時譚嗣同之受刑也人無敢問者俠客伏尸大哭滌其血殮之道路目者皆曰此參政劍師王五公也俠客頸有黑瘢嘗言保標走山東旅店中遇美女俠客以綠林秘語戲之女解語大怒要俠客鬬劍俠客負女以劍背斫王頸曰留汝命王痛而蹶良久始蘇自是受斫處黑瘢不散俠客亦毋敢

輕天下婦女云

論曰張良之擊秦不中也憤激投漢其志終遂妙手空空兒之擊僕射不中也翩然遠逝然所刺者又未必當刺之國賊吾甚惜夫刺所當刺而刺不中而志又不終遂未有如庚子之王俠客者

程長庚

自程長庚以徽唱變崑曲爲中國音樂下趨時代其人宜無足取然亦有亭亭異於常人者故能獨創一幟程長庚者燕之優人也以徽唱名於時道光之末徽唱始濫觴燕都而恒不勝崑唱長庚出聲音浩倡淸厲蚡緼蟠紆形容古人喜笑怒罵若眞世家貴人賞之曰神優名動日下以劇供奉內廷賞六品冠帶俸如之自是奪崑唱而尙之凡朝士讌會非長庚不樂長庚所附班曰三慶非三慶不奏有路愼莊者秦人也其父德以工制藝爲名翰林愼莊操父業擢翰林遷御史會其同年友飲傳班奏曲非三慶而籤長庚辭以疾愼莊曰彼非三慶班不奏疾僞

也鎖而至逼令奏曲長庚曰諸君樂故奏曲以長庚善奏曲故傳長庚亦須樂故善今鎖不樂奏亦不善何奏爲遂鎖係臺柱下卒不奏愼莊曰必須自求哀方釋彼長庚曰我未犯天子法何哀求又鎖係長庚於三慶園門外卒不求三慶主人爲求之乃釋尋都察院團拜復以他班籤長庚至長庚復不來復鎖係之長庚問劇目某曰打鼓罵曹也長庚大喜欣然請奏大人先生皆曰長庚非三慶不奏今欣然請懾也及登臺演漢羣臣置酒爲曹孟德壽長庚作禰衡袒而坐擊鼓三氣概激昂指堂下怒罵曰方今外患未平內憂隱伏你們一班奸黨尙在此飲酒作樂好不愧也有忠良你們不能保護有權奸你們不能彈劾

你們一班奸黨尚在此飲酒作樂好不愧也罵罷而唱唱罷而罵髮目皆動若眞見曹孟德其人者堂下貴官皆觳觫自愧然劇目由己定無以罪也長庚得貲盈巨萬散而給貧乏暮年自恥其業置一子於吳習儒業而戒其勿專爲舉制令其孫某以習西國方言爲外部郞云

論曰當是時也義律伯麥之案方竟林文忠爲琦善搆荷戈戍邊是爲中國失足之第一步　文宗御極嘗責大臣曰有臣若林則徐爾輩且無人力保以致獲罪宰相之過也得長庚侃侃演之更覺有聲有色今官場奸黨夥矣無日不飲酒作樂安得百長庚擊鼓罵之哉

楚二生

風俗史者所以傳比閭族黨父老兒女之逸事使後世治家比較純駁以求社會之進步故其事其人其文非政治史實於政治有間接關係焉此太史氏所以重採風也楚二生之事雖係里巷兒女瑣褻若無足輕重而實吾民風之美者爰著於篇郭生者羅湘人也其父舉孝廉家奇貧以授徒爲生計生年少恣酒性豪宕不制隨其父讀入邑庠邑中巨賈周某者慕孝廉勢以女字生未取而其父卒生襤褸無以爲生周悔之欲絕婚令人邀生至家飲之酒告曰吾女瞽不能奉箕帚奈何生曰是何傷吾父所聘也周持千金置席上微露意生曰翁薄吾貧耶男

女各適願則合不然吾弗强也振筆寫退婚帖辭千金不受而去途遇吳生孝廉門人也呼曰世兄酕醄自何方來郭曰自周翁家吳曰狂哉狂哉何未取女而遽謁翁耶郭曰非也周乞吾退婚耳吳驚曰是何心翁眞狙獪者也汝當訴縣主判取其女郭曰男女各適願則合不然吾弗强也吳曰周女美且慿意君君宜爭爭不勝吾率同黨助郭曰毋乃翁薄吾貧吾不强也吳曰周女美君眞舍之歟郭曰諾吳曰君舍之我當聘而取之君妬我否郭曰是何言歟吾已退彼彼終字人吾何妬吳曰君眞無妬耶吾婚期君必來賀否則君卽妬也郭曰諾吳生者羅之宦家子也遂委禽焉數月促之嫁及期吳乃大會同黨郭生亦

來合巹之夕同黨大飮郭生醉倒新婦室夜半而醒同黨盡散門嚴錮新婦豔粧坐床上吳生自門外呼曰今日之娶爲君也努力爲之佳時勿失郭求出不得婦亦知爲郭生也嫣然迎之乃成婚次日吳生率同黨送郭夫婦歸各贈以金羅湘之人傳爲盛事云云

論曰婚姻之道惟問其男女之年齡相等已耳惟問其男女之學度相近已耳惟問其男女之性質相合已耳三者全則婚否則離此周禮媒氏之遺意也若郭生者可謂知公理矣若吳生者可謂知大義矣

一瓢一劒生

養眞子之扈長安也時持茶一壺筆一管坐唐慈恩寺塔上看閒雲當淸風藉以消遣世慮興至則爲詩詩成復焚之以是適吾天性而已一日觀塔間有題壁詩云萬里西風一劒秋天涯仗汝壯征郵願披肝胆酬知己誰是英雄祖豫州末題一瓢一劒生養眞子喜其氣俠也走筆和之半月後復登塔見和詩後叙云和吾詩者吾知己也願以某日會塔上如期往有一偉丈夫當塔西門坐衣葛衫着皂鞋旁有瓶貯火酒巾裹葡萄置塔板上養眞子見而怪之呼曰是一瓢一劒生歟偉人起亦呼曰是洮陽養眞子歟因握手歡若平生生開瓶飲養眞子養眞子

曰吾不勝杯杓感子意爲滿一口持瓶飲之同坐塔西欄觀一瓢一劍生飲飲半酣爲言十八歲游日本日本方變法生從日本僧高橋太郞習劍術學成歸往來吳越間甲申之變生走越南說某帥帥不納欲投爲黑旗兵而和議成嗒然返武昌隱於商者累年甲午之役生懷劍走山東冀有所盡力聞葉志超降乃曰袞袞者皆豎子不足與謀也復返鄂今聞　六龍西幸欲以計說岑帥而岑帥又移山西矣言及不得志則擲瓶哭哭罷若有所思思罷則笑笑復言酒盡養眞子曰吾欲觀君劍術可乎生曰喏出匣劍長三尺白如秋霜舞於塔中庭如游龍螻蜿流波突抗沇沇湲湲兮不見人舞罷作別挾其劍瓶竟去養眞

子訪之長安市無知者後數年復見於上海養眞子曰君欲入岑幕岑吾同鄉友願爲君引生曰已矣吾不欲爲官場盡力其爲吾國民乎其爲吾國民乎養眞子前後問其鄉貫終不言聞其話作楚音似楚人也

論曰游俠之徒國民之生氣也使若輩得志爲朝廷用則秦瓊李靖輩其人也使若輩不得志不爲朝廷用則陳勝項籍輩其人也嗚呼吾不爲一瓢一劍生悲吾爲中原惜

朱蓁仕

朱蓁仕德產也仕於中國爲江南陸軍教習見中國營制腐敗每上書大人先生勿聽光緒二十九年癸卯江督派勘礮台與中國之陳伯濤同行在上海遇英人某嘲曰中國斷不足有爲所恃者子一人子勉之俾彊中國蓁仕聞而鬱鬱復遇美人曰本人嘲蓁仕亦如之蓁仕更鬱鬱自是飲食起居皆失常度時而哭哭則大聲曰中國亡矣中國亡矣光緒皇上祇有我朱蓁仕一人是忠臣奈何奈何繼又謂某德人云我見中國官要跪我見中國官要跪某德人曰吾外人見中國官無跪禮蓁仕曰我跪他不求他是要他振起精神力圖自強一日早起自佩洋

槍於懷陳伯濤告蓁仕侍者云彼懷洋槍速留心視察語未竟聞蓁仕大聲呼曰陳兄請看硏然一聲自擊其腦立仆伯濤大駭檢其懷得二函一致德意志國家謂已爲教習不能彊中國愧憤自盡德國朝廷不能以已死責問中國一遺屬謂己有洋銀千餘元存滙豐銀行係在中國所得將此款報効中國已有一婦是中國人亦不能顧矣伯濤出其書於江督江督禮賻之云

論曰朱蓁仕之死也中國人皆謂之瘋嗟乎彼外臣也彼外臣之微者也何所爲而瘋使中國四萬萬人皆有是性根必不成今日之國勢中國冠高冠食鼎食者聞其哭詞閱其遺函那不

愧殺嗚呼

王蔭

王蔭滄州人京中狗盜也飛走高牆峻宇如平地光緒辛丑京中出大案蔭被獲究其平生盜踪祇竊三家一軍機大臣大學士榮祿家蔭在榮屋上見榮祿與優人小桂鳳者方劇飲遂下屋竊其金銀以出出遇小桂鳳持一洋煙燈問曰汝何人蔭曰打更者次日始知榮府被盜則蔭爲之也一軍機大臣大學士剛毅家蔭伏毅壁間聞毅怒聲大呼曰廢他不了漢奸太多曉曉半夕始寢蔭入其室大擄金玉錦繡以出一全權大臣大學士李鴻章家鴻章寓賢良祠蔭立屋角見步軍統領崇禮方與鴻章坐談談久品鼻煙各出其煙壺於案鴻章極嘆賞崇禮壺

謂其爲希世器崇禮遂以壺贈鴻章少頃鴻章送崇禮出挂壺壁間遂臥蔭自窗隙入竊其壺以出自云有四不偷小官不偷小商不偷貧家不偷患難家不偷比部以其爲竊盜也處以徒罪出之京外云

論曰人民無養給無教育致使爲盜竊其民已卑鄙無足道然有盜竊天下之財聚爲己有不有人以盜之是貨悖而入不能貨悖而出也如王蔭者可謂盜亦有道

人類館

光緒癸卯日本開大阪賽會設人類館置琉球高麗印度各種人而中國之煙癮客及小脚婦亦列其間日所購小脚婦湖南人也意欲仿中國妓館式俟賽會時使其婦歌舞悅目湖南游學生某豪士也聞而忿欲以原價贖回日人不許生乃謁日當道謂曰貴國與中國同種族者也今設人類館并置中國小脚婦中國固辱矣抑亦黃族之羞也某湘中男子不忍見此欲以原價贖回貴國又不允擬俟開會時手持洋鎗擊死其婦已雖身首異處不辭矣日本人壯其言遂并煙客而撤之是歲中國派往賽會各官嗜煙癮者即有七人嗚呼又何怪外人之苦詆

耶考鴉片煙種出印度本草謂之阿芙蓉卽鶯粟也宋蘇潁濱嘗說鶯粟云鶯小如鶯粟細如粟與麥偕種與穄偕熟苗堪春菜實比秋穀研作牛乳烹爲佛粥蓋以印度俗稱佛國故謂佛粥其曰研作牛乳大抵如今日割漿之狀然則此物宋時已有不自今始也不知何人作俑以燈一盞槍一枝橫眠呼吸使中國人受害無已可甚嘆哉又考中國纏足歷史史記載邯鄲婦人躡利屣漢書載臨淄女子彈絃纏屣疑此卽纏足濫觴漢以後如飛燕女昫潘妃蓮步史屢記之至唐則楊妃錦韈不盈三寸溫庭筠錦鞋賦云耀粲織女之束足燕婉嫦娥之結璘明明言束足矣自唐祚寖衰大盜竊國而成五季之世斯時也敎育

衰微人鮮廉恥昏淫之主若劉鋹若李煜後宮之內幻淫戲以百計而纏足其一也謬種相傳宋承其弊讀劉改之沁園春詞窮形盡態與今世無少異自元明以至今日遂成爲風俗之習慣母以是策其女夫以是期其妻若非小脚於婦人之職分有未完全者嗚呼何流毒之深歟夫煙癮流傳中國男子之體質受其害者十之五六纏足爭盛中國女子之體質受其害者十之八九二者不改良吾中國種族將不可問矣又何怪外人之苦詆耶

論曰日本與吾種族同教派同地輿相脣齒士夫相周旋何於皇皇賽會之間詆中國至是辱中國至是將薄中國不能自強

必與琉球諸邦同爲亡國耶將望中國之能自强取是二者以相激耶嗟乎中國不自强致受外人之謔愚矣中國不自强致須外人之激更愚矣微湘中生日將曰中國人無人心

陳生 順德守備附

陳生者膠州詩禮家也兄弟皆茂才德兵據膠州生鄰德營生妻美姿容一日德兵入生家强姦之其弟憤極持刀刺德兵爲德兵鎗擊立斃其妻恥受辱亦自刎生憤怒欲死繼思仇未報死亦同草木腐耳强耐之初德兵摟生妻入床時帽爲帳挂落地後見殺二人命倉皇走出生得其帽知兵名訴諸中國官中國官曰以告德官之德官告寢勿問生乃毁容易裝自爲德營奴漸與滛妻兵熟一日兵開酒瓶劇飲生置毒其瓶兵飲毒死生夜持利及取其頭以遁

光緒癸卯冬守備某屯兵順德其子出游車驚壓斃英教士狗

守備向教士謝罪教士大怒他教士調和索賠款公議以百五十金寢其事守備以金交教士逐出一日教士偕二英人謁守備曰金已受矣尚須見公子一面親教誡之以警將來守備呼其子出其子向教士揖教士袖出手鎗擊之立斃守備憤極集其兵圍三英人殺之匹馬遁走不知所之云

論曰報仇之風古人所尚也況政府孱弱異族驕橫奴妾我子女犬馬我民人倘不家自爲怒人自爲讎各報其怨而攻其讎白人將黑奴我矣陳生耶守備耶吾憐其遇吾甚壯其氣

文存正誤表

册別	頁數	行數	字數	誤	正
卷三	第二十四	第一	久字下	植	値
	第二十九	第十二	分字上	爪	瓜
	第三十二	第三	一字下	開	間
	第四十九	第十	泥字下	潯	濘
卷四	第一	第十三	懲字下	挏	恫

文存正誤表　一　趙柏巖集